ANOTHER MISSION
어나더 미션

ANOTHER MISSION
어나더 미션

초판발행 2024년 5월 17일
초판 1쇄 2024년 5월 27일

지은이 최재걸

펴낸곳 물맷돌 / 수엔터테인먼트
발행인 최남철
교정, 교열 윤희숙
디자인 Design HJ

총판 생명의말씀사
출판등록 306-2004-8
주소 서울시 중랑구 망우본동 134-5
구입문의 010-9194-3215

ISBN 979-11-86126-46-2 (03230)

물맷돌은 수엔터테인먼트의 기독브랜드입니다.
이 책은 수엔터테인먼트사가 저작권자와의 계약에 따라 발행한 것이므로
이 책의 내용을 이용하시려면 반드시 저자와 본사의 허락을 받아야 합니다.
잘못된 책은 구입처에서 교환하여 드립니다.

ANOTHER MISSION
어나더 미션

보낼 것인가, 갈 것인가

최재걸 지음

신앙인이 선교사가 되어 간다는 것
복음에 진 빚을 갚는 유일한 길!

아프리카미래재단 선교 시리즈 ❶

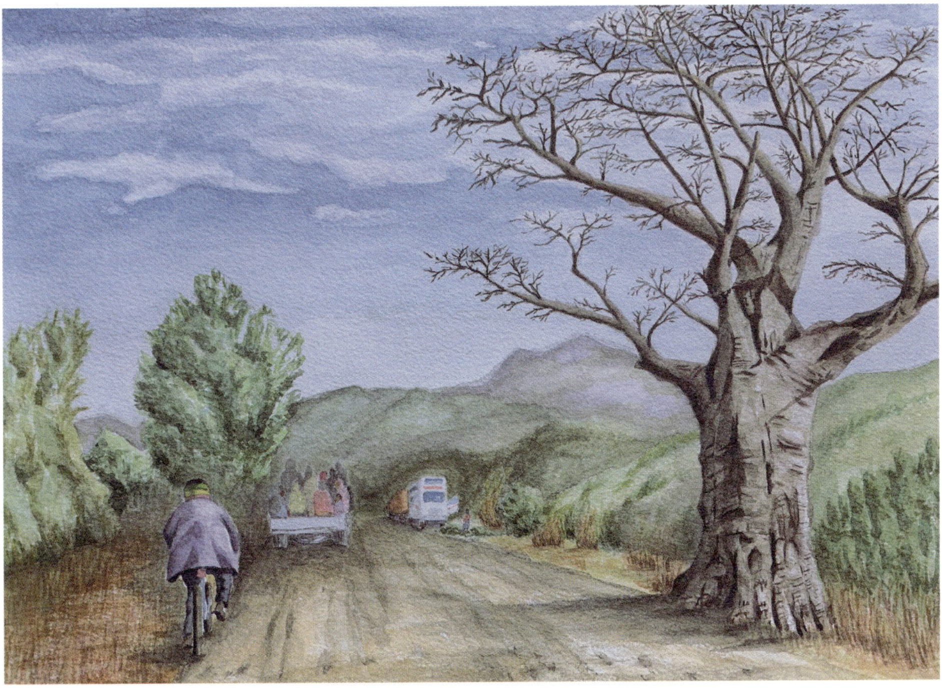

한 의료선교사의 치열했던 현장체험 수기
미지의 땅을 가본 고난과 감동의 이야기 _ 아프리카미래재단

물맷돌

룻이 이르되 내 주여
내가 당신께 은혜 입기를 원하나이다
나는 당신의 하녀 중의 하나와도 같지 못하오나
당신이 이 하녀를 위로하시고
마음을 기쁘게 하는 말씀을 하셨나이다.

룻 2:13

내가 여기까지 올 수 있도록 항상 옆에서,
위기의 순간에도
변함없이 사랑으로 동행한 아내 영희,
하나님의 선물이자 든든한 응원을 보내준 윤경, 윤선,
사랑으로 맺어진 가족
상엽, 예준, 우리의 기쁨인 준우에게

추천사

삶에는 언제나 바람이 불어옵니다. 예기치 못한, 생각지도 못한, 우리의 눈조차 뜰 수 없게 만드는 바람이 최재걸 장로님께 찾아왔습니다. 혹독했지만 그러나 그 바람이 장로님을 무너뜨리지 못했습니다. 영혼을 감싸 안고 불어오는 그분의 바람이 더 강력했기 때문입니다.

여기 최재걸 장로님이 부르는 영혼의 노래를 들여다보면서 가슴 가득 차오르는 감격이 작은 추천의 글을 적게 했습니다. 하나님은 정확하십니다. 지극히 세밀하십니다. 그 하나님이 최 장로님 삶의 인도자이심을, 그리고 그분을 향한 뜨겁게 헌신하는 발걸음으로 인도하시는 선한 목자되심을 장로님의 글에서 만나게 됩니다. 장로님의 그런 삶이 부럽고, 그러한 삶을 허락하신 주님께 감사합니다.

황형택 대한예수교장로회 새은혜교회 담임목사

아프리카에서 시작하여 은혜로 귀결되는 이 책은 저자의 삶을 적은 자서전이기도 하다. 의사로서의 삶 중에서도 대학교수이자 영상의학과 의사로서 또 대학교에서 보직을 맡기까지 그의 삶은 출중하고도 남부럽지 않은 삶이었다. 그러한 그가 아프리카로 주님의 부르심을 따라 단기선교여행을 하면서 아프리카와 애정을 나누기 시작하였다. 아프리카미래재단을 통한 그의 아프리카에 대한 남다른 사랑은 그를 대학에서 명예퇴직으로 이끌었고 아프리카 말라위에서 새로운 선교적인 삶을 살도록 하였다. 그의 새로운 사명의 일터는 아프리카의 심장이라는 말라위가 되었다. 말라위라는 이름은 우리말 어감으로도 가뭄이나 병약한 환자를 떠올리는 것이지만 실제로 가난과 질병이 삶의 대명사가 된 그곳에서 현지인들과 함께 살면서 사랑을 나누고 고락을 함께한 이야기는 이 책의 아름다운 그림과 함께 우리의 마음을 울린다. 항상 하나님께서 인도하시는 손길을 느끼며 살아온 그와 사랑하는 아내는 늘 주님의 음성에 귀를 기울였다. 코비드의 세계적 혼란 가운데 아프리카에서 겪을 수밖에 없는 불안과 고통이 변하여 용기와 큰 도움으로 상황을 변화시킬 수 있었음도 주님께서 예비하신 축복이었다.

모든 것이 하나님의 은혜였다. 늦은 나이에 겪은 B-셀 임파종이라는 악성종양도 주님의 사랑을 더 깊이 깨닫는 은혜의 도구였다. 주님의 부르심은 먼 곳이 아니고 우리가 살고 있는 현장에서, 우리가 처한 고난 가운데 가까이 있었다. 그리고 지나온 모든 점들은 주님이 함께 하심으로 모두 은혜로 점철되었음을 알게 되었음을 저자는 고백하고 있다. 나 또한 교직에서 퇴직한 후 아프리카의 소국 에스와티니에서 늦깎이 의료선교사가 되어 6년 만에 기존 기독대학교(EMCU)에 의학부 승인을 얻어 의학교육을 준비하고 있다. 그가 말하는 아프리카를 그에게 소개한 선배, '멀리 가려면 함께 가야 한다' 라고 일러준 그 형이 나의 친동생이기에 이 책은 나에게 더없는 애정을 품고 있다. 말라위나 에스와티니, 혹은 다른 어떤 아프리카 나라가 아니더라도 당신이 있는 그곳에서 오늘도 주님께서 당신을 부르고 계심을 듣는가?

박재형 에스와티니 의료선교사(서울대학교 명예교수)

저자는 자신의 말처럼 "세 번 태어난 사람"입니다. 그리고 이 책은 그 과정에서 겪은 수많은 실패와 상처의 기록들이기도 합니다. 그것은 심지어 목숨이 경각에 달린 절체절명의 상황에서도 자신의 소명을 찾아가는 길이었습니다.

그러나 저자는 그 길에서 하나님이 자신에게 맡기신 길을 찾기를 포기하지 않았습니다. 어쩌면 하나님이 우리에게 주신 길은 무엇인가 성공적인 작품을 만들어내는 것이라기보다 하나님이 주신 길을 가면서 생긴 상흔들을 가지고 끝까지 주님을 향하여 가는 길이 아닐까요?

부활하신 예수님도 우리에게 오실 때 그 상흔들을 그대로 가지고 오셨으니 말입니다. 그래서 저자의 여정의 생생한 기록들은 우리에게 더 큰 감동과 도전으로 다가옵니다.

특히 각 소단원의 이음새 역할을 하는 저자가 직접 쓴 시들은 그 감동의 깊이를 더해주고 있습니다. 이 책이 하나님 앞에서 자신의 소명을 찾아가기 위해 분투하고 있는 많은 분들에게 위로와 도전이 되기를 바랍니다.

아픔과 고난의 조각들을 모아 아름다운 작품을 만들어가시는 하나님을 찬송합니다.

한규승 사랑빛교회 담임목사

"너희 이름이 하늘에 기록된 것으로 기뻐하라"고 하신 주님의 말씀을 묵상하면 우리가 행한 일들은 실상 우리의 자랑이나 기쁨의 근거가 되지 못합니다.

의사와 대학교수보다 하나님의 사랑을 입어 복음의 빚진자로 자기 정체성을 선명하게 가진 저자는 담담하게 아프리카에서의 삶과 사역을 풀어냅니다.

때로는 안타까움으로 때로는 슬픔으로 저자가 바라본 아프리카의 여러 나라, 특히 말라위의 현실은 독자들로 하여금 저자가 가졌던 그 사랑에 감동할 뿐 아니라 동참하고픈 소망을 갖게 합니다.

병상에서 육체의 질병은 고통을 호소하지만 믿음은 은혜라고 고백하며 아프리카를 향한 열정을 계속해서 불태워가는 이 귀한 기록을 미리 볼 수 있어서 감사드리며 많은 분들에게, 존재 자체를 나눠주는 저자의 삶의 영향력이 흘러가기를 기도하며 일독을 권합니다.

김명진 한국기독교의료선교협회 전회장

최재걸 명예교수는 대학 후배이자 동료로서 의과대학 시절부터 잘 알고 지내던 사이였으며 가끔 술 한잔을 나누곤 했다. 그런데 갑자기 아프리카에 대한 사랑에 빠져 수시로 아프리카를 드나들기 시작하더니 좋아하던(?) 술도 완전히 끊어 버려 아쉬움이 있었다. 무엇 때문에 그런지 알아보는 과정에 내 자신도 홀린 듯 아프리카 여정에 함께 하게 되었고 그러다 보니 아프리카를 스무 번 넘게 방문하였다. 그런 과정에 내 자신도 마다가스카르의 병리의사들을 교육하는 '바오밥 프로젝트'를 5년간 진행하게 되었다.

최재걸 교수가 쓴 이 책은 Chisomo(치소모, 은혜)라는 제목에 모든 것이 함축되어 있다고 보면 된다. 잠비아의 수도 루사카를 함께 방문했을 때 현지에 붉은 벽돌로 지어진 아름다운 병원의 이름이 치소모(Chisomo)였다. 이름 그대로 한국인 선교사 부부가 현지의 아이들을 위한 사역을 하면서 하나님의 은혜를 전하기 위해 설립한 진료소이다. 저자의 말처럼 최교수는 아프리카를 순탄하게 다니지를 못하고 커다란 어려움과 많은 역경을 헤치면서 지냈다. 이런 어려움은 결국 하나님의 은혜로 받아들이면서 그동안의 본인의 생생한 경험을 기록한 내용들은 자서전과 기록과 수필집의 혼합형이다. 평소 조용하면서 세상을 관조하던 최교수의 성격대로 따뜻하고 감동적인 문체로 써 내려간 글이 매우 정갈하면서 읽는 이의 마음에 잔잔한 감동을 준다.

아프리카 각국에서 의료 봉사활동을 하며 경험하고 느낀 것들과 최교수가 하나님으로부터 받은 은혜를 기록한 주옥같은 글들은 본인만의 기록이지만 앞으로 이 길을 가려고 하는 많은 이들에게 경험을 전달하고 밝고 긍정적인 에너지를 줄 것이라 믿는다.

김한겸 고려대학교 의과대학 명예교수, 하나로의료재단 하이랩 원장

CONTENTS

추천사 8

프롤로그 20

PART. 1 아프리카

1. 세렝게티와 응고로응고로 26
2. 하나님께서 하셨습니다 (Chisomo, 은혜) 31
3. 아프리카의 인상 (This is Africa) 37
4. 아프리카에서 하나님이 주시는 감동 43
5. 비전 트립 (Vision Trip) 48
6. 아프리카의 현실 52
7. 아프리카 미래재단 59
8. 천명의 용사들의 언덕 66
9. 의료 선교에 대하여 68
10. 약속의 땅 76
11. 어느 바보 의사의 이야기 79
12. 명예퇴직 87

PART. 2 말라위

1. 말라위에서 살기, 밭에 감추인 보화 **98**
2. 영상 검사 **103**
3. 병원 진료 단상(斷想) **106**
4. 말라위 의료인의 교육 훈련 **110**
5. 카무주 중앙병원 **114**
6. 질관리 **119**
7. 출장 초음파, 소아환자의 죽음 **122**
8. 소아암 치료 프로그램 **128**
9. 국립암센터, 또 다른 문 **132**
10. 우물과 염소 **137**
11. 에어 앰뷸런스 **142**
12. 마을 교회와 주일 학교 **147**
13. 여성 역량 개발 사업 **151**
14. 우분투 (I am because you are) **158**
15. 천사 선교사와 선교병원의 현실 **161**
16. 보았는가 그대는 **166**
17. 말라위 사람들의 멘탈리티 **168**

PART. 3 은혜 (Chisomo)

1. 잠베지 강은 생명生命을 품고　**178**
2. 선생 노릇의 위험성　**180**
3. 코로나 팬데믹, 전쟁 상황, 봉쇄　**186**
4. 세 번 태어난 사람　**197**
5. 빨리 가려면 혼자 가고, 멀리 가려면 같이 가라　**205**

에필로그　**212**

ANOTHER MISSION
어나더 미션

프롤로그

눈물을 흘리며 씨를 뿌리는 자는 기쁨으로 거두리로다.
울며 씨를 뿌리러 나가는 자는 반드시 기쁨으로 그 곡식 단을 가지고 돌아오리라. (시 126:5-6)

'복음에 빚진 자'

삶을 미리미리 설계하고 그 설계도대로 사는 사람은 없다. 그저 삶은 살아내는 것이다. 내게 주어진 몇 가지 기회들을 활용하여 그때그때 가장 좋을 것이라고 생각되는 것들을 선택하는 것이다. 그 선택의 연속이 모여 만들어지는 것이 결국은 각자의 역사(history)라고 할 수 있겠다. 나의 역사도 그렇다. 지나온 삶이 그리 크게 내세울 것이 없지만 나만의 역사가 되었고 나만의 이야기가 되었다. 내 인생에서 무언가 채워지지 않는 것 같을 때, 빈 자리가 있는 것 같을 때, 그때는 몰랐지만 지금은 그것이 하나님의 자리라는 것을 알게 되었다.

그 자리가 있다는 것만으로도 하나님께서 창조하신 한 사람 한 사람이 고귀한 존재라는 것을 말해주는 증거가 된다. 지금 되돌아보면 내가 미처 깨닫지 못했지만 그것은 끊임없는 하나님의 인도하심이었다. 하나님은 내가 그분을 몰랐을 때도, 하나님의 부르심을 외면할 때도 나를 붙잡고 계셨다. 그래서 용기를 내어 그것을 기록하기 시작하였다. 이 모인 기록들이 나에게 찾아오시고 역사하신 하나님을 증거하는 도구가 되었으면 한다.

아프리카는 동물의 왕국 다큐멘터리에서 보듯 원시적이고 신비한 미지의 세계라는 이미지가 있지만 그와 동시에 대부분의 나라가 저개발 상태이며 삶의 질이 열악하고 가난한 지역이다. 비록 서구 열강의 오랜 식민지로부터 독립하였지만 끝없는 내전과 사회 혼란으로 발전의 기회를 놓치고 있는 상태에 여전히 머물고 있기 때문이다.

더더욱 우리나라에서 멀리 떨어져 있다 보니 쉽게 방문하기도 어렵고 문화적으로도 생소하고 정확한 정보도 적다. 그래서 아프리카 하면 떠오르는 이미지는 빈곤과 기아, 저개발국가, 전쟁과 내전으로 항상 국제적인 문제를 일으키는 곳, 더운 곳, 흑인, 부정 부패 등등이다.

그동안 아프리카에 깊은 관심을 가지고 있던 나로서는 여러 관련된 일들을 하다가 하나님의 깊은 이끄심으로 급기야 짧은 기간 동안 이었지만 아프리카 말라위에 '의료 선교'를 하러 가게 되었다. 하지만 그곳에서 여러 가지 문제로 좌절을 겪기도 하였다. 그래서 이것은 실패의 기록이기도 하다. 조각조각으로 보면 실패라고 할 수도 있다. 그렇게 무엇을 얻으려고 했으나 얻지 못하여 좌절했던 부분들이 있기 때문이다. 반면 평탄하지 않은 길로 가려던 인생, 남들과는 약간 다른 삶을 살려던 인생, 말하자면 어나더 미션_Another Mission을 그렇게 꿈꿔 왔고 그것을 해보려던 인생으로 본다면, 그 결과로 지금까지 나를 이끌어 오신 하나님을 깊이 경험했다는 면에서 그것은 당연히 축복이요 은혜라고 할 수 있다.

나는 예수의 복음에 빚진 자이다. 복음이 없었더라면 생명의 의미를 몰랐을 것이고 인간의 본질에 대해서 무지했을 것이다. 선교 초기, 우리나라에 와서 순교하며 복음을 전한 선교사들로 인하여 장님이었고 중풍병자였던 우리가 눈을 뜨게 되었고 걷게 되었다. 그 사랑이 나에게까지 흘러와서 주님을 만나게 되었고 그 사랑이 나를 적시어 나의 죄를 용서받기까지 하였으니 이제 그 사랑을 다시 흘려보내려는 마음이 생기게 되었다. 그것이 예수님께 받은 사랑을 흘려보내는 것, 바로 빚을 갚는 길이다. 그렇게 의료 선교를 선택하게 된 나는 의료 선교사로 나가게 되었다. 물론 사역의 열매는 미약했고 중간에 팬데믹으로 인하여 돌아와야만 했다. 거기에 더하여 건강까지 좋지 못하여 많은 일들을 내려놓아야만 했다.

이 책을 쓰기까지 많은 고민을 했다. 자서전일까? 선교지의 보고서일까? 아니면 신변 잡기 같은 수필집일까? 수많은 고민 끝에 이것이 무엇이든 나 자신의 잠깐의 경험을 잊기 전에 기록해 둔다는 것 자체가 의미가 있고 혹시 누군가 나와 비슷한 생각을 가지고 있는 이에게 '먼저 그 길을 걸어본 사람으로서 그 길이 어떠했다'라는 조금의 도움이라도 된다면 그것도 의미가 있겠다고 생각했다. 해외 선교지에서 의료 활동을 하고 그곳 사람들과 만나면서 경험한 것, 느낀 것들과 받은 은혜를 기록하였다. 비록 미완의 의료 선교의 기록이지만 이 기록이 사랑을 흘려보내려고 노력한 한 사람의 간증이 되기를 기도한다.

> 언젠가 한번은 가리라 했던
> 마침내 한번은 가고야 말 길을
> 우리 같이 가자
> 모든 첫 만남은
> 설레임과 두려움이 커서
> 그대의 귓불은 빨갛게 달아오르겠지만
> 떠난 다음에는
> 뒤를 돌아보지 말 일이다 (안도현 그대에게)[1]

2024년 5월 북악 기슭에서

---

1 안도현, 그대에게 중에서

PART. 1
아프리카

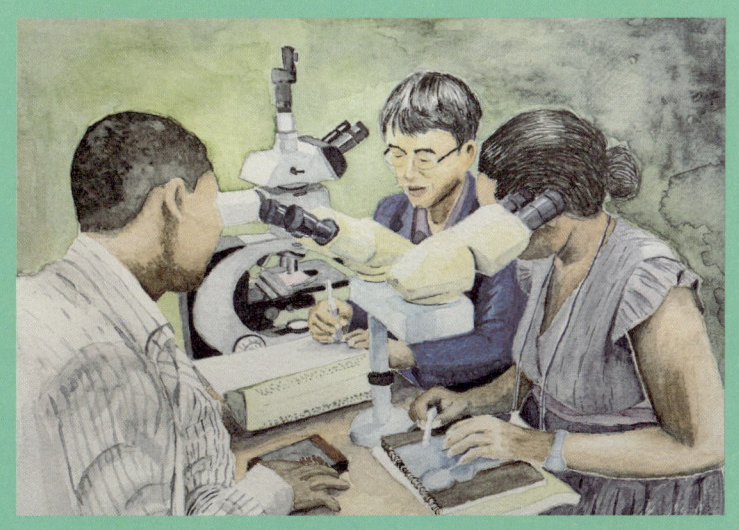

1

ANOTHER MISSION

세렝게티와 응고로응고로

아프리카를 여행하면서 그중 가장 기억에 남는 곳을 꼽으라면 응고로응고로 분화구와 빅토리아 폭포를 들 수 있다. 그중에서도 응고로응고로 분화구는 한국에서 여행지로도 잘 알려지지 않은 생소한 곳이다. 사진이나 다큐멘터리로도 잘 접할 수 없는 곳이다.

이곳은 탄자니아의 세렝게티의 동쪽 끝과 킬리만자로 산의 시작인 아루샤 사이에 자리한 분화구이다. 한쪽에서 반대쪽까지의 직경은 무려 20km나 되고 전체 면적은 서울시 면적의 반 정도다. 2-3백만 년 전에 화산이 분출한 뒤에 만들어진 분화구인데 분화구의 능선에서 가장 낮은 분지까지의 깊이 차이는 600m라고 한다. 직접 분화구 안에 들어가 보면 여기가 분화구라고 느낄 수 없을 정도로 높은 산으로 둘러쌓인 것이 꼭 평지같이 보인다.[2]

---

2 https://en.wikipedia.org/wiki/Ngorongoro_Conservation_Area#Ngorongoro_Crater

분화구 안은 외부의 침입이나 유출이 없는 온전한 자급자족의 생태계를 이루고 있어서 분화구 안에서 사는 동물들은 태어나서 단 한 번도 분화구 밖으로 나가보지 못하고 죽는다고 한다. 문득 유한한 시공간에 갇혀 사는 우리도 이곳의 동물들과 같다는 생각이 든다. 그러나 하나님의 손안에 갇혀 있으면 그곳이 천국이다. 백만 년 전에 폭발한 화산은 지구의 표면에 큰 흠집을 남겼지만 그로 인하여 아름다운 세상이 형성되었다. 하나님의 창조사역은 인간의 상상을 뛰어넘는다. 분화구 능선에 자리 잡은 롯지에서 보는 일출과 일몰은 신비로웠다. 유네스코 자연유산에 지정될 정도로 경이로운 풍경을 보면서 평생 보기 어려운 경험을 하게 하시는 주님께 감사가 절로 나왔다. 그 자체로 위대한 하나님의 창조사역의 놀라움과 신비함을 확인하는 시간이었다.

나는 2014년 초 병원에서 맡았던 연구 관련 보직을 내려놓고 그전부터 생각해왔던 아프리카 의료협력과 선교를 위해 의료진과 함께 인천을 출발하였다. 1차 도착지는 케냐의 나이로비 공항이었다. 거기서 다시 환승하여 탄자니아의 므완자로 가는 작은 비행기에 몸을 실었다. 비행기는 80인승으로 프로펠러 동력으로 날아가는 비행기인데 보기만 해도 저걸 어떻게 타나 하는 생각이 들 정도로 낡고 불안해 보였다. 그래도 미국이나 유럽에서도 가끔은 단거리 이동시 프로펠러 비행기를 이용한 경험도 있고 프로펠러 비행기는 동력이 없는 상태에서도 활강이 가능하다는 것을 위안으로 삼으며 비행기에 올라탔다.

한국에서 출발한 지 거의 24시간이 걸려서 탄자니아의 빅토리아 호수변에 위치한 므완자에 드디어 도착하였다. 도착해 보니 문제가 생겼다. 다음날 바로 시골 마을 진료를 가야 하는데 필요한 짐이 오지 않았다. 아마도 작은 비행기라 무게 때문에 짐을 다 싣지 못한 것 같다. 공항에서 기다려봐야 하루에 한 편 밖에 없는 비행기라 다음 비행기에 짐이 오려면 하루는 더 기다려야 했다. 할 수 없이 짐 찾기를 포기하고 숙소에서 여장을 풀었다. 이때부터 예측불가능한 여정이 본격적으로 시작되었다.

첫 일정은 빅토리아 호수 안에 있는 섬 마을로 진료를 나가는 것이었다. 짐이 다 도착하지 않았기 때문에 약품과 기구가 부족하였다. 그래도 한국에서 간 의료진은 그런대로 각 과별로 잘 꾸려져 있어서 먼 길을 걸어서 구름처럼 모인 주민들 약 400여 명을 하루 종일 진료하였다. 개중에는 코흘리개 아이, 할머니, 아기에게 젖을 물린 엄마, 청년과 지팡이에 의지한 노인 등 오랫동안 앓고 있던 질병을 호소한 이들이 많았다. 긴 줄 끝에선 이들은 까만 손에 흙먼지가 내려앉아 마치 하얀 손으로 변한 것 같은 손에 몇 개 안 되는 비타민제, 구충제를 받아갔다. 진료가 끝나고 빅토리아 호숫가의 마을에서 병원선 운영을 준비하는 선교사를 방문하고 이곳 의료계 인사들과 학술교류를 하고 협력방안에 대한 토론을 할 기회를 가졌다.

다음 일정으로 킬리만자로 산 기슭에 위치한 모시라는 작은 도시에 가게 되는 것이었다. 목적은 어린이 교육과 구제 사역을 하는 선교사의 선교지를 방문하기 위해서였다. 므완자에서 모시는 650km 정도 떨어져 있고 그곳을 가기 위해서는 유명한 세렝게티 국립공원을 통과해야 한다. 육로가 시간도 걸리고 도로도 불편하지만 세렝게티를 횡단하는 좋은 기회를 놓칠 수 없어서 육로를 선택하게 된 것이다.

다음날 아침이 되었다. 우리 팀은 일찍 므완자를 떠나서 동쪽으로 응고로응고로를 향해갔다. 세렝게티에 접어드니 높은 산이나 정글이나 숲이 없이, 사방이 하늘과 지평선이 맞닿은 초원이 끊임없이 펼쳐진다. 건기라서 초원의 풀들은 메말랐고 키 작은 관목과 드문드문 엄브렐라 트리(umbrella tree)만[3] 덩그러니 서 있는 황량한 초원을 흙먼지 날리며 사파리 차가 달린다. 제대로 단장된 길은 없지만 차들이 계속 다니며 생긴 흔적들이 길이 되었다. 그 길을 지루할 정도로 덜컹거리며 차가 달린다. 생각보다 야생동물들이 많이 보이지 않았다.

상상을 초월할 정도로 넓은 면적이기도 하고 동물들이 이동하는 건기라서 그런지 얼룩말이나 들소 떼는 좀 볼 수 있었지만 생각보다 큰 동물을 보기는 어려웠다. 그래도 가끔 사자나 코끼리를 발견하면 잠깐 차를 세우고 가까이 보았다. 사자들은 사람들을 보고도 별로 관심을 보이지 않는다. 물론 항상 그래왔던 척하며 여유 있게 사람들이 탄 차 주변을 어슬렁거리기 한다. 잠시의 감상을 뒤로하고 자동차는 또다시 달리기 시작한다.

비포장 도로를 달리는 랜드크루저의 털털거림과 날리는 먼지 속에 지나간 많은 사건이 주마등처럼 피어난다. 가끔 돌멩이나 심한 요철을 치고 나가서 차가 붕 떴다가 바닥으로 내팽겨쳐질 때마다 쿠션이 다 닳은 의자에서 부딪쳐오는 강한 진동은 허리부터 머리까지 온 몸이 흔들리고 아프게 한다. 그러면 주변의 이색적인 풍경과 동물 구경도 잠깐, 어서 여기를 벗어났으면 하는 생각밖에 없다. 그 아픔만큼 놓고 싶은 기억들이 나를 때린다. 그 기억들이 지평선의 풀숲에 숨었다가 불

---

[3] 아프리카 사바나 초원에서 자주 볼 수 있는 나무. 원래 이름은 아카시아(acacia) 나무이다. 윗쪽이 우산 모양으로 넓게 퍼져서 우산 나무(umbrella tree)라고도 한다.

쑥 달려드는 사자처럼 나를 찢는다. 그럴 때마다 내 속의 가시, 고통, 후회, 의심, 상처를 주님께서 만지시고, 치유해 달라고 기도하였다.

한 영혼, 한 영혼을 만나고 그들과 삶을 나누면서 아프리카 사람들에게 내가 해줄 수 있는 것과 하나님이 나에게 원하시는 것이 무엇인지 생각하게 해 달라고, 내가 살아온 길이 어둠 속에 있다고 하여도 자유함으로 빛으로 나가게 해달라고, 내가 가진 것을 부끄러워하지 않게 해달라고 기도하였다.

아쉽지만 감상도 잠시 미루고 달려야 했다. 그 이유는 야생 동물들로부터 격리되지 않은 곳에서 숙박을 한다는 것은 매우 위험하기 때문이다. 옹고로옹고로로 들어가서 그곳의 안전한 호텔이나 롯지가 있는 곳까지 도달해야 했던 것이다. 기도하면서 하루 종일 서울—부산보다 훨씬 먼 거리를 쉴 새 없이 열심히 달렸다. 옹고로옹고로에 도착했을 때는 주변을 겨우 분간할 수 있을 정도로 어두워진 저녁이 되었다.

2

ANOTHER MISSION

하나님께서 하셨습니다 (Chisomo, 은혜)

하나님께서 하셨습니다.

−1−

내 이름은 톰입니다.
나는 거리의 아이였습니다.
나는 망가졌고 도둑이었고 약에 취해 있었습니다.
거리에서 예수님께서 찾아오셨습니다.
그분을 구주로 고백했고 나는 구원을 받았습니다.
나는 학교에 다니고 있고 잠비아의 시민의 일원이 될 것입니다.
나는 주님 안에서 무엇이든 할 수 있고 최고가 될 것입니다.
모두가 하나님의 은혜입니다.
우리는 이 나라가 어두움에 있을 때에 왔습니다.

거리의 아이들을 돌보며 그들을 치료하는 진료소를 만들었습니다.

하나님의 은혜의 병원이 되었습니다.

주님은 아이들의 모습으로 엄마의 모습으로 찾아오셨습니다.

그러나 나는 안락한 집에 살고 고급 레스토랑에서 즐거운 식사를 하면서

걸인의 모습으로 나에게 찾아오신 예수님을 거절하였습니다.

주님 회개합니다.

나를 용서하여 주세요.

모든 우리의 일은 주님 없이는 아무것도 아닙니다.

-2-

우리는 아프리카에 왔습니다.

빅토리아 호수, 세렝게티, 응고로응고로, 킬리만자로에서

하나님의 천지창조의 섭리를 눈으로 보았고 찬양합니다.

흙먼지가 날리고 우리의 마음도 날아갑니다.

바퀴를 때리는 돌멩이는 우리의 마음을 때리고

호수의 솟아난 바위는 우리의 노래가 됩니다.

주님께서 보여주신 이 땅과 이 사람들

가운데 주님의 일을 하는 하나님의 사람들을 만났습니다.

하나님의 마음을 가지고 합력하는 사람들

갈 바를 알지 못해도 약속 하나만 믿고 떠난 아브라함처럼

주님의 일을 하는 사람들의 손과 발을

그들의 구부러진 등을

어깨에 멘 짐을 어루만집니다.

아이들의 손을 잡았습니다.

같이 춤을 추며 같이 주님을 찬양하였습니다.

아이들의 말똥말똥한 눈망울을 담았습니다.

아이들의 찬양소리를 귀에 실었습니다.

그들의 따뜻한 손, 먼지 묻은 발, 머리에 퍼진 버짐까지도

닳아빠진 축구공, 신발, 침대를,

흙 묻은 벽을, 갈라진 칠판을

아이들의 점심 한 끼를 위한 화덕을 가슴에 넣습니다.

그들이 우리와 다르지 않은 이웃임을 깨닫습니다.

지금 주님께서 이 자리에 함께 하심을 믿습니다.

주님, 내가 가진 것이 이렇게 많은데

모두가 하나님의 은혜인데

불평한 나를 회개합니다.

―3―

처음의 만남은 두렵고 떨립니다.

질병과 허기와

절망과 가난과 고단함과

사고와 전염병과 전쟁의 소식에 마음이 녹습니다.

그래도 우리는 그 문을 열고 들어가야 합니다.

주님, 우리가 문을 열게 도와주소서.

그 안에서 울고 있는 주님을 보게 하소서.
그 속에 있는 것을 붙잡게 하소서

주님께서 보게 하신 것을 보고
주님께서 듣게 하신 것을 듣고
주님께서 만지신 것을 만지며
여기까지 왔는데…
주님, 나에게 원하시는 것이 무엇인가요?
내 뺨은 선홍빛으로 물들고 나의 심장은 떨립니다.
주님의 은혜를 구합니다.
용기를 주소서.
내가 가진 것을 부끄러워하지 않게 하소서
내 속의 가시를, 아픈 상처를 주님께서 만져 주소서
살아온 길이 어둠 속에 있다 하여도
자유함으로 빛으로 나가게 하소서
이 길을 걸어갈 수 있게 손잡아 주소서.
주님께서 하셔야 합니다.
나를 도구로 써 주소서.
주님, 이 일로 자랑치 않게 하소서
하나님만이 내게 상급입니다.
거룩한 낭비가 되게 하소서
나는 무익한 종이라 고백하게 하소서.
이것이 모두 목적이 아닌 수단임을 깨닫게 하소서.

나에게 주님의 마음을 아는 것보다 더 귀한 것은 없습니다.

한 영혼을 만나게 하소서

내 마음이 주님의 마음과 일치되게 하소서.

(2014. 08)

아프리카 중남부의 내륙 국가인 잠비아의 수도 루사카에 치소모(Chisomo) 병원이 있다. 치소모는 이 지역의 말로 '은혜'라는 뜻이다. 이 병원은 한국인 선교사 부부가 세운 병원인데 부인은 간호사 선교사로 1991년부터 30년이 넘게 아이들을 위한 사역을 하고 있다. 많은 아프리카 나라들은 위생 시설이 취약하고 도시 지역은 허름한 집들이 밀집된 주거 환경으로 인하여 공기 전염 질병이 만연하고 제때 치료하지 않으면 폐렴으로 진행되어 사망하기도 한다. 그 외에도 만성 설사와 영양실조와 말라리아는 아동 사망률의 가장 큰 원인이 되고 있다.

선교사 부부는 처음에는 루사카 시내에서 떠도는 거리의 아이들과 고아 청소년을 데려다가 숙식을 제공하고 하나님의 말씀을 전하고 교육하는 사역을 시작하였는데, 이들을 돌보다 보니 아픈 아이들을 진찰을 하고 이들에게 약을 줄 수 있는 진료소가 필요하여 작은 진료소를 시작하게 되었다. 그 작은 진료소가 이제는 잠비아인 소아과 전문의를 비롯하여 신실한 크리스천 직원들로 구성된 소아 전문병원이 되어 인근 지역의 의료 혜택을 제대로 받지 못하고 병원비를 낼 수 없는 주민들에게도 의료 서비스를 행하며 지역 사회를 섬기고 있다.

내가 섬기는 아프리카미래재단이 이 병원을 운영하는 선교사와 협력하게 되어 직접 선교사를 만나고 병원을 둘러볼 기회를 가지게 되었다. 아프리카미래재단은 질병으로 고통받는 아프리카 사람들의 열악한 보건의료 상황을 개선하려는 목적으로 세워진 비영리 공익사단법인 (NGO)이다. 보건의료와 관련된 국제 협력 사업을 진행하고, 현지의 선교사들을 돕고 선교병원에 대한 장비, 인력 및 운영 지원을 하며, 교육으로 아프리카의 현지인을 훈련시켜 그들 스스로 보건의료 문제를 해결하도록 도와서 자립하는 것을 목표로 하고 있다.

이 병원에서 만난 선교사 부부는 고된 사역에도 불구하고 항상 겸손하고 잠비아 사람들에 대한 사랑으로 충만한 분들이다. 그들이 돌본 아이들 중에는 톰과 같이 희망 없이 살던 거리의 부랑자에서 인생의 목적을 찾고 변화된 아이들이 많이 나왔다. 그들은 그동안의 수고를 자랑하지 않고 간혹 그들을 소홀하게 대한 데 대해서 매우 괴롭게 생각하는 정말 순수한 마음을 가지고 있는 분들이었다. 그들을 위해서, 잠비아의 청소년들을 위하여 기도한다.

너는 네 떡을 물 위에 던지라 여러 날 이후에 도로 찾으리라. (전 11:1)

3
ANOTHER MISSION

아프리카의 인상 (This is Africa)

　우리나라의 여름이 점차 더 뜨거워지고 있다. 6월에도 30도를 넘는 날이 자주 있고 열대야가 있는 날도 더 잦아졌다. 얼마나 더우면 아프리카만큼 덥다는 말이 자연스럽게 나오는 것을 보게 된다. 그런데 아프리카는 생각보다 그렇게 덥지 않다. 7-8월에 남부 아프리카를 방문하면 생각보다 추운 날씨에 놀란다. 남부 아프리카는 적도 이남에 있어서 7-8월의 건기에는 쌀쌀하고 12월-1월의 우기에는 한낮의 뙤약볕이 있으나 한바탕 소나기가 오고 나면 다시 시원해진다.

　그동안 아프리카는 우리에게 매우 낯선 곳으로 인식되어 왔다. 덥다고 '대프리카', '서프리카'라고 하는 말은 편견과 고정관념이 만들어낸 잘못된 용어이고 아프리카 사람들을 폄훼하는 말이므로 쓰지 않는 것이 좋겠다. 이런 용어 선택에서 볼 수 있듯이 우리가 잘 모르고 경험해 보지 않은 것을 두고 또는 한 면 만을 보고 그것이 마치 전체를 대표하는 것처럼 표현하는 경우가 많이 있다. 아프리카에는 물론 더운 지방도 있다. 그러나 일 년 내내 항상 더운 기후가 계속될 것이라는 부정확한 인식이 퍼져 있다. 이런 부정확한 인식은 불필요한 오해와 차별을 유발한다.

아프리카 하면 어떤 단어가 떠오르는가? 동물의 왕국, 식민지, 빈곤과 기아, 지저분함, 말라리아, 에이즈, 에볼라 같은 질병, 테러, 전쟁과 내전, 부족 간 국가 간의 분쟁, 부정과 부패, 많은 구호단체가 생각날 것이다. 그러나 또 한편 아프리카는 예술적인 사람들과 음악성이 뛰어난 사람들이 사는 곳이다.

짐바브웨에서는 돌을 가지고 조각을 하는 예술가들이 있다. 짐바브웨라는 국명의 원래 뜻이 돌로 지어진 집이라고 한다. 그만큼 돌은 이 나라를 상징하는 물질이다. 많은 돌 조각가들이 작고 큰 조각품을 만드는데 이것들은 아주 토속적이면서도 피카소의 작품과 흡사한 게 매우 추상적이고 현대적이다. 더불어 아프리카 사람들이 음악적인 재능이 있다는 것은 요사이 유행하는 세계적인 음악들이 모두 흑인음악에서 유래했다는 사실이 그것을 증명해 준다.

자연은 더 말할 나위 없이 매우 아름답다. 말라위에는 우리나라 충청도만 한 크기의 말라위 호수가 있다. 바다 같은 호수와 지평선이 보이는 대지, 거기에 초원이 끝없이 펼쳐지고 아무것도 시야를 가리지 않는 평평한 땅을 아프리카에서 처음 보게 되었다. 특히 드문드문 보이는 바오밥나무가 환상적이다. 산 중턱에서 자라는 바오밥나무는 눈에 확 뜨이고 다른 모든 나무들을 압도할 정도로 기품 있는 귀부인 같은 분위기가 난다. 짐바브웨와 잠비아의 국경에 있는 세계의 3대 폭포 중의 하나인 빅토리아 폭포도 빼놓을 수 없다.

나의 첫 아프리카 방문은 요하네스버그를 경유하는 일정이었다. 인천 공항에서 오후에 출발하여 동남아, 인도양을 거치는 동안 계속 밤이라서 밖을 볼 수 없었다. 요하네스버그에서 비행기를 갈아타고 짐바브웨의 수도인 하라레를 향해 날면서 아래를 보니 비로소 아프리카에 온 실감이 났다. 밑으로 펼쳐지는 풍광은 건조하고 황량함 그 자체이다. 산이 거의 없고 광활한 평지가 펼쳐진 땅은 참 비옥할 것 같다는 느낌을 받는다. 건기라서 그런지 강줄기는 거의 말랐고 물 색깔은 초록색이 아니라 갈색이다. 땅은 넓으나 물이 부족한 아프리카를 본다.

하라레의 하늘은 구름 한 점 없이 청명하였고 공기는 깨끗하였다. 햇빛이 있는 곳은 따갑고 그늘은 시원하다. 눈부신 하늘과 공항 청사의 단조로움은 대비가 된다. 짐바브웨는 이전에 로데지아라고 하던 나라로 독립 이후에 농업기반이 무너지고 무가베의 장기집권과 서방의 경제제재로 인하여 경제가 어려워졌다. 독립 전에는 '아프리카의 빵바구니'라는 별명으로 불리던 나라였는데 지금은 식량이 부족한 것이 안타까웠다.

하라레 근처의 의료환경이 열악한 시골 지역을 방문하여 주민들을 직접 접하고 치료할 수 있는 기회를 갖게 되었다. 만성적인 영양실조와 말라리아를 달고 사는 아이들, 기생충 질환으로 간이 망가지고 다리가 붓는 아이들을 보면서 일시적인 의료봉사로서는 근본적인 치료가 불가능해 안타까운 마음만 드는 상황이었다.

어떤 아이가 우리 진료팀에 왔다. 다리에 큰 흉터가 있었다. 보니까 제대로 치료받지 못하여 큰 흉터가 진 채로 온 것이다. 이유를 자세히 물어보니 옥수수를 훔치기 위해서 철조망이 쳐진 농장의 울타리를 넘다가 철조망 가시에 걸려서 허벅지에 긴 상처가 났다고 하였다. 그 상처를 제대로 치료받지 못하여 흉터가 남은 것이었다. 또 여자들 중에 가슴의 통증과 허리, 무릎, 다리의 통증을 호소하는 여자들을 보면서 이들이 감당해야 하는 들일과 집안일 등 이중의 고된 노동에서 오는 스트레스의 무게를 생각하게 된다. 30여년 전, 우리나라에서 흔히 보던 우리의 어머니들을 생각나게 했다.

하루 동안의 의료 봉사로 이들의 위생상태가 나아지는 것도 아니고 그들의 의식과 환경이 개선되는 것은 아니라고 생각한다. 그렇지만 우리가 이들의 얘기를 들어주고 그것이 이들에게 위로가 되고 우리가 전해주는 약들이 고단한 생활에 작은 필요 하나가 채워짐으로 하나님의 사랑을 전할 수 있었다고 생각한다.

말라위에서는 오랫동안 의료 선교를 하고 있는 한국 간호사 선교사가 독지가의 후원으로 세운 대양누가병원이란 곳에 머물게 되었다. 그녀는 아프리카에서 30여 년을 헌신하면서 선교 병원을 세운 분이다. 부족한 의료인력을 키우기 위해서 간호대를 세웠는데 한국에서 은퇴하신 교수님이 학장으로 섬기고 계셨다. 자신들의 나라를 발전시키려는 열망이 있는 짐바브웨와 말라위의 의료진의 눈빛에서 희망을 발견한다. 그렇게 선교 병원에서 헌신적으로 사역하고 있는 여러 한국인들과 외국인 선교사들을 만날 수 있었던 것은 귀중한 경험이었다.

말라위의 모자보건과 에이즈 예방 사업을 위하여 열심히 일하고 있는 우리나라의 젊은이들을 보는 것 또한 큰 기쁨이었다. 국제적인 개발 협력에 관심을 가지고 참여하고 있는 한국의 젊은이들이 이렇게 많은 것을 보니 우리나라의 미래가 밝고 국제적인 역할을 감당할 수 있는 인재들이 잘 키워지리라 생각된다.

아프리카 여행을 하면 겪었던 일 중에 압권은 말라위 블랜타이어의 시골 버스 대합실과 같은 공항과 비행기 고장으로 인한 비행 스케줄 취소였다. 갑자기 비행기가 고장이 나서 하룻밤을 공항 근처 호텔에서 지내야 했다. 그러나 여행 일정이 취소되는 와중에도 즐겁게 때로는 진지하게 여행하는 사람들의 모습이 좋았고 이런 모습까지 아프리카를 제대로 경험했다는 생각이 든다. 일정이 생각처럼 또 계획대로 되지 않을 때 하는 말이 있다. 'This is Africa!' 이 말은 체념의 의미도 있고 일이 잘 진행되지 않을 때 긍정적으로 생각하고 다시 한번 시도해 보겠다는 의미도 된다.

말라위의 시골을 차를 타고 가다 보면 길가에 자판을 벌여놓고 장사를 하고 있다. 우리의 6-70년대 내가 자라던 시절을 떠올리게 한다. 인상 깊었던 것은 포인세티아가 그렇게 키가 크고 아름다운 빨간 색깔의 잎을 가진 키가 큰 나무라는 것이었다.

아프리카는 땅의 광활함과 젊은 인구로 발전 가능성이 많다고 생각된다. 6.25 전쟁의 폐허에서 발전을 일군 우리나라와 비교하게 된다. 누군가의 말대로 하나님께서는 각자에게 가장 좋은 것을 주셨는데, 이 사람들은 그들이 받은 것을 아직 찾지 못했다는 말에 공감한다. 하나님께서 주신 그것을 찾게 만들어 주는 것이 우리가 할 일인 것 같다. 하나님께서 이 땅을 창조하신 이유가 있을 것이다. 아프리카의 발전된 나라로 일어설 수 있는 잠재력을 발견하기를 기도한다.

힘들었지만 보람된 여정을 마치고 한국에 돌아왔다. 와서 주변의 사람들과 대화를 하면서 의외로 아프리카가 우리에게 가까이 다가왔다는 것을 느낀다. 또 아프리카를 품고 기도하는 사람들이 많고, 세상은 넓고 할 일은 많다는 생각이 든다. 아프리카 여행을 통해서 아프리카를 새롭게 알게 되었고, 하나님은 각 사람 안에서 각자에게 다르게 역사하시고, 한 사람 한 사람 필요에 의해서 부르신다는 것을 새로이 발견하게 된 것이 큰 수확이었다.

하나님은 항상 내게 좋은 것, 기쁨을 주시기 위해서 준비하고 계신다는 것을 알았다. 앞으로 하나님께서 어떤 것들을 준비해 놓으실지 두렵기도 하지만 기대도 된다. 아프리카에 발을 한 번, 두 번 디딜수록 나에게 아프리카의 의미는 더욱 소중하게 다가왔다. 만남은 무엇 하나 우연이 없고 의미가 없는 것이 없다. 아프리카의 여정은 그때그때 새로운 한 영혼을 만나는 시간이고, 나를 찾는 여정이며, 궁극적으로는 하나님을 만나는 여정이다. 그래서 더욱 소중하다.

4
ANOTHER MISSION

아프리카에서 하나님이 주시는 감동

하나님이여 위엄을 성소에서 나타내시나이다.
이스라엘의 하나님은 그의 백성에게 힘과 능력을 주시나니
하나님을 찬송할지어다. (시 68:35)

    얼마간의 시간을 따로 구별하여 두고 모든 업무나 책임에서 벗어나 그 시간을 온전히 하나님의 말씀과 묵상으로 바치는 시간은 나의 인생에 대해서 돌아보는 시간이 된다. 아프리카로 비전 트립을 떠나는 때가 나에게는 그런 시간이다. 언제부턴가 가랑비에 옷 젖듯이 아프리카라는 옷에 내가 젖는다. 2011년부터 시작하여 매년 2-3회씩, 10여개 나라를 방문하였다. 방문할 때마다 의료봉사를 위하여 시골 마을에서 진료도 했고, 현지의 의사들과 학술적 토론과 교류를 하였고, 의학 지식의 교육을 위한 학술대회를 개최하였다.
    처음 내가 아프리카를 간다고 하자, 아내를 비롯한 식구들과 나를 아는 사람들 모두가 아프리카는 치안, 말라리아, 음식 등등 한마디로 갈

데가 못 된다고 말렸다. 나 역시 여러가지 예방주사를 맞고 말라리아 예방약을 준비하였지만 출발하기 전까지도 걱정과 두려움이 떠나지 않았다. 그래도 아프리카에 대한 궁금증과 아프리카 미래재단의 병원과 의과대학 사역에 대한 약간의 호기심이 나를 사로잡았고, 내가 지금까지 살아온 것을 돌아보고 앞으로 살아갈 삶을 계획하면서 하나님께서 주시는 비전을 이 여행 가운데 발견하게 되지 않을까 하는 마음으로 참여하게 되었다.

2014년 여름의 아프리카 방문은 전쟁의 소식이 가까이에서 들리고, 사고와 전염병이 창궐하던 가운데 다녀왔다. 여행 내내 점점 심각하게 확산되는 에볼라에 대한 두려움이 엄습하여 힘들었다. 그래도 아프리카 여행은 내게 주시는 일상의 시간 속에서 온전히 주님께만 집중할 수 있는 귀중한 시간이었다.

시골 구석에서 전기도 들어오지 않고 물도 지하수를 퍼서 사용해야 하는 곳에서 헌신하고 있는 선교사를 만났다. '에이즈로 인해서 남편은 죽고 가정이 파괴되고 아이들을 주렁주렁 달고 내일 죽기만을 기다리고 있는 과부가 사는 집에 찾아갔지만 다른 것은 해줄 것이 없어서 옥수수와 설탕을 사다 주고 기도해 주고 올 수밖에 없었다. 다음에 가보니 그 가족이 살아났다는 간증을 들었다. 부서진 학교를 다시 세우고 책걸상을 만들어주고 옷과 공책과 연필을 지원하고 있는 그들의 사역을 보면서 나는 무엇을 이들에게 해줄 수 있는가 하는 것을 생각하였다.

아프리카를 방문할 때마다 하나님이 나에게 주시는 메시지를 붙잡고 씨름을 하였다. 이런 메시지를 통하여 하나님이 나에게 주시는 사명이 무엇인지 더 알기 위하여 아프리카를 자꾸 방문하였다. 그럴수록 아프리카에 더 붙잡히게 되었다. 마치 헤어나올 수 없는 늪 같은 데로 자꾸 빠져들어가는 느낌이 들었다. 묵상 중에 하나님이 나에게 말씀하시는 것 같았다.

점차 방문 경험이 쌓일수록 아프리카가 생소한 다른 사람들을 이끌어야 하는 자리에 서야 할 상황이 만들어진다. 짧은 기간이지만 여러 사람들과 만남을 가지면서 그때마다 생각지도 않았던 감동을 만남을 통해서 주신다. 아프리카를 알고 싶다는 열정을 가진 젊은이들을 만나기도 했고, 열세 살의 아들을 백혈병으로 먼저 하늘나라로 보내고 그리워하며 아프리카를 방문한 젊은 엄마를 만나기도 했고, 탈북한 후에 간호대를 다니고 있는 처녀를 만나기도 했다. 나처럼 늦게 예수님을 영접하여 믿음 생활을 시작한 지 얼마 안 되는, 나만큼이나 의심이 많아서 이해가 되어야만 믿을 수 있다는, 마치 도마 같은 집사님을 만나기도 하였다. 열정을 가지고 사색하는 모습과 여행을 통하여 변화되는 모습을 보면서 한 영혼 한 영혼을 만나시길 원하는 하나님의 마음을 알 수 있었다.

가끔 사람들이 내가 왜 이렇게 자주 아프리카를 방문하며 왜 이런 일을 하는지에 대한 질문을 한다. 그때마다 대답이 온전히 준비되지 못한 나를 발견한다. 그 대답을 준비하면서 왜 이 일을 하는가를 자문하였다. 처음에는 아프리카에 대한 막연한 호기심이었고, 보람된 일을 하고 싶다는 인간적인 생각이었다. 그러나 점차 하나님과의 만남이 깊어질수록 복음에 빚진 자로서 사랑을 흘려보내야 한다는 마음이 들기 시작했다. 하나님의 인도하심은 내가 측량할 수 없이 완전하심을 알게 된다.

　누구나 일을 계획할 때에는 일의 목적과 목표가 있다. 그 목표를 달성하기 위해서 과정에 대한 것도 계획한다. 계획을 하였으면 그 목표에 도달해야 하고 그 과정도 계획한 대로 그 길들을 지나가야 한다고 생각한다. 그러나 일이란 계획한 대로 진행되지 않는 것이 허다하다. 그럼에도 불구하고 이 일을 하는 가운데에 추구(追求)해야 할 것은 목표의 달성이 아니라 과정 가운데 한 영혼을 만나고 하나님을 알아가게 되는 것인 것 같다.

　하나님은 누구인가, 어떤 분이신가를 깊이 묵상하며 나는 어떤 존재로 남아야 하는지를 생각한다. 그런 존재가 되는 방법은 하나님을 제대로 아는 것일 것 같다. 주변의 누군가가 "왜 예수를 믿느냐"하면 대답해 줄 말이 있어야 하기에 하나님을 조금 더 알기 위해서 노력을 한다.

　아프리카를 대하면 아직도 두려움이 있다. 무엇이든지 처음의 만남은 두렵고 떨린다. 희망이 없는 것 같고, 전염병과 전쟁의 소식에 마음을 졸이지만 그래도 그곳을 알기 위해서는 문을 열고 들어가야 한다. 안에 들어가 봐야 그 안의 세계의 사람들을 만날 수 있고 그들의 얘기를 들을 수 있다. 그 안에 들어가면 보이지 않던 길들이 보이기 시작하고 새로운 기회들이 찾아온다. 아프리카를 더 이해하기 위해서는 그 안으로 들어가는 수밖에 없다.

　일을 시작하기 전에 모든 것을 다 알고 시작하려고 해서는 온전히 일을 시작할 수 없다. 이해할 수 없지만 나의 삶의 과정 가운데에 인도하시는 하나님을 경험하는 것이 하나님을 알아가는 최선의 방법인 것 같다. 순종하며 나가는 자에게는 능력을 주신다고 하였다. 주님께

내가 문을 열 수 있게 도와달라고, 아프리카에서 주님께서 보게 하신 것을 보고, 주님께서 듣게 하신 것을 듣고, 주님께서 만지시는 것을 만지며, 주님이 나에게 원하시는 것이 무엇인지를 알기를 원한다고 기도하였다.

'눈물을 흘리며 씨를 뿌리는 자는 기쁨으로 거두리로다.'[4] 매일매일 씨를 뿌리다 보면 어느새 그 씨들이 자라 있는 것을 보게 될 것이다. 그 숲은 안식처가 되고 열매들을 나눌 수 있을 것이다. 갈 바를 알지 못해도 가다 보면 새로운 길이 나 있음을 보게 될 것이다. 사명을 이루는 것은 나의 의지와 나의 뜻대로 되는 것이 아님을 고백한다. 나의 능력이나 힘으로 되는 것이 아니라 오직 하나님의 영으로 이루어짐을 믿고 의지한다.[5] 그리하여 내가 하는 일들이 하나님이 기뻐하시는 일이 되기를 기도한다.

---

4 시편 126:5
5 스가랴 4:6

5
ANOTHER MISSION

비전 트립 (Vision Trip)

주께서 내 마음에 두신 기쁨은 그들의 곡식과 새 포도주가 풍성할 때보다 더하니이다.
내가 평안히 눕고 자기도 하리니 나를 안전히 살게 하시는 이는
오직 여호와이시니이다 (시 4:7-8)

단기 의료 선교는 선교 현장을 접하고 싶어하는 성도들이 짧은 기간 동안 선교사들이 사역하는 현지에서 타문화를 경험하고, 선교사들을 도와서 현지의 필요를 채워주는 의료봉사를 하고, 선교 현장에 대한 체험을 통해서 장차 선교사로 헌신할 동역자를 발굴하는 기회가 된다. 참여하는 사람에게는 단순한 여행이 아닌 하나님이 주시는 비전(상상)을 발견하는 기회가 되기도 한다. 특히 젊은 청년들에게는 이들 나라를 좀 더 가깝게 느끼고 이해하여 미래의 리더로서 아프리카와 협력할 수 있는 토대가 될 수 있다.

매년 한두 차례 아프리카미래재단이 꾸린 단기 의료 선교팀과 동행하고 인도하였다. 선교사를 도와서 현지의 마을에서 진료를 하여 선교

사의 사역을 돕는 역할을 수행하였고, 같이 간 각 분야의 전문의, 대학교수, 간호사 등 의료진들은 현지의 의사 등 의료진을 대상으로 최신 의료 지식을 전달하는 세미나와 강의를 진행하였다. 이런 학술교류는 현지 의료진들의 지식을 습득하고자 하는 욕구를 채워줄 수 있고 향후 이들과 우리나라 의학계와의 협력 관계를 구축하는 계기가 될 수도 있는 좋은 방법이다.

2017년 여름에는 내가 말라위에 있으면서 고려대학교 의료원이 주축이 된 로제타 홀 의료봉사단 및 비전 트립팀을 맡게 되었는데 아내도 동행하였다. 로제타 홀은 134년 전인 1890년에 우리나라에 와서 여성의 건강과 장애인을 위하여 헌신한 의료 선교사고 내가 나온 고려 대의대의 기초를 설립한 분이다. 그런 로제타 홀의 이름을 딴 봉사단을 고려의대는 매년 전 세계로 보내고 있다. 봉사팀은 의대 교수와 의료진, 의대 학생들로 구성되어서 이곳 병원 의료진을 상대로 의학 강의를 진행하였고 이곳의 병원의 의사들과 같이 환자들을 진료하였고 수술에도 참여하였다.

봉사단은 의사를 만나기 어려운 시골 마을로 들어가서 무료진료 봉사를 하였다. 그들과 같이 의료봉사에 참여하여 매일 300명이 넘는 환자를 진료하였다. 한때 밀려드는 환자를 감당할 수 없어서 점심은 도시락으로 때우고 저녁에는 해가 졌는데도 몰려드는 환자를 안내하고 진료하고 약을 나눠주느라고 정말 녹초가 되다시피 하였다. 학생들은 또한 놀이 기구와 소품 등을 준비하여 주민들과 아이들과 같이 놀이를 하는 등 재미있고 즐거운 시간을 보냈다. 몸은 피곤하였지만 이곳 주민들에게 하나님의 사랑을 전할 수 있는 좋은 기회였다.

이번에 온 학생들은 다른 팀과 마찬가지로 아프리카에 처음 오는 학생들이 대부분이었다. 처음 아프리카로 출발하기 전에는 두려움이 든다. 병이라도 걸리지 않을까. 먹는 것과 개인의 위생은 어떻게 해결할까. 가장 기본적인 일상 생활은 얼마나 불편할까. 이런저런 생각에 각오를 단단히 하고 오게 된다. 이런 생각은 오히려 웬만한 불편은 감수할 수 있는 마음가짐이 된다. 그래서 그런지 청년들은 아프리카를 두렵게 생각하지도 않았고, 생각보다 추웠던 말라위의 날씨에도 잘 적응하는 것 같았다. 더운 물이 안 나오는 숙소가 있었던 것은 약간의 어려움이었지만 그래도 아프리카에서 더운 물로 샤워를 할 수 있었으니 비교적 잘 지냈다고도 생각된다.

그동안 함께했던 의료 선교팀은 주로 장년의 성인들이 주축이 된 팀, 교회 성도들이 주축이 된 팀, 일반인과 의료진이 섞인 팀들을 경험하였지만 이번에는 젊은 의대 학생들이 주축이 되고 교수들이 같이 참가한 팀으로 약간은 동질성이 있는 팀이었다. 봉사단이 말라위에 있는 동안 많은 것을 경험하기를 바랐다. 우리나라에서는 할 수 없는 것, 볼 수 없는 것을 보게 된 것이 신선한 충격과 감동으로 다가왔으면 좋겠다.

이제는 세계가 아주 가깝게 연결되어 있다. 아프리카가 멀리 떨어져 있는 것 같지만 한국에서 말라위까지 24시간이면 닿는다. 세계화된 우리는 이미 서로 영향을 미치는 세계에서 살고 있는 것이다. 단기 의료 선교는 짧은 기간 동안 의료혜택을 받기 어려운 지역을 방문하여 의료 봉사를 함으로써 한시적이나마 의료 서비스에서 소외된 주민들의 욕구를 충족시킬 수 있다. 일회성이고 지속되지 않는다는 한계가 있으나 교류 협력의 시발점으로써 주민들의 건강 상태를 개선할 수 있고 이들

지역의 질병 상황을 파악할 수 있으며 또한 현지 네트워크를 형성하는 데도 도움이 된다.

비전 트립팀이 가지고 온 의료 선교협회에서 기증한 포터블 초음파 장비를 미국인 산부인과 의사 선교사에게 전달하였다. 또한 방문한 팀이 남기고 간 검사기구, 약품, 그리고 드레싱 세트들을 병원에 전달하였다. 의료진들이 즐거워하는 모습을 볼 수 있어서 특히 감사했다. 임산부들과 환자들의 진료에 유용하게 사용되기를 기도하였다.

우리 부부는 숙소의 준비와 식사, 교통편 준비 등 팀원들을 돌보느라 바쁘게 보냈다. 비전 트립팀이 떠난 후에 새벽에는 추워서 잠을 깰 정도의 겨울 날씨가 계속되었다. 갑자기 추워지고 무리하니 몸이 적응을 하지 못하여 두 사람 모두 열이 나고 몸살과 설사로 고생을 하였다. 마침 말라위에 체류하는 봉사단원 중에 외상을 입은 청년이 있었는데 이 단원을 한국으로 후송하는 일을 진행하느라 신경을 많이 썼던 것이 더해진 것 같았다. 혹시 말라리아가 아닌가 걱정이 되어 검사를 하였는데 다행히 음성이 나와서 안심하였다.

이번 비전 트립을 하면서 의미를 찾은 사람도 있을 것이고 아직은 의미를 찾는 과정에 있는 사람도 있을 것이다. 우월감을 갖지 않으면서 아프리카 사람들과 같이 살아가는 청년들이 되어서 20년 후, 30년 후에 이들이 우리나라를 이끌어갈 리더가 되었을 때 이번의 경험이 소중한 기초가 되기를 바란다. 이들 청년들이 이번에 아프리카에 대해서 가진 마음과 감동을 잘 간직하여 앞으로 이들이 의사가 되었을 때 아프리카로 다시 와서 하나님의 일꾼으로 잘 준비되고 잘 쓰여지기를 기도하였다.

6
ANOTHER MISSION

아프리카의 현실

　아프리카는 동경의 대상이기도 하고, 연민의 대상이기도 하고, 아니면 부패와 폭력으로 얼룩진 저주의 대상이기도 하다. 아프리카는 모든 통계 수치가 말해주듯이 개발 상태가 가장 열악한 지역이다. TV 등에서 아프리카의 영양실조에 걸린 아이들, 쓰레기장에서 쓰레기를 주우며 생활하는 아이들과 알 수 없는 질병에 걸려서 제대로 된 치료도 받지 못하고 죽어가는 환자들의 모습을 다큐멘터리로 찍어서 보여주면서 모금을 호소하는 광고를 본다. 이것은 약간 과장되어 있는 경우가 많지만 그래도 일반적인 현실은 직접 가서 보면 우리가 상상하던 이상인 경우가 많다.
　아프리카는 지금도 말라리아, 에이즈, 결핵, 열대 기생충 질환 등 위생 상태의 개선과 약만 있으면 예방과 치료가 잘 되는 감염성 질환이 창궐하는 지역이다. 인간면역결핍바이러스(HIV), 즉 에이즈에 감염된 사람들의 숫자는 아프리카 사하라 이남의 아프리카는 전인구의 15%가

넘는다. 아프리카의 보건의료 상황을 가장 잘 나타내 주는 지표가 모성사망률과 영아 사망률인데 전 세계에서 가장 수치가 높은 지역이 아프리카이다.

그리고 이런 질병들로 인한 노동력의 상실이 악순환이 되어 국가 발전의 걸림돌이 되고 있다. 이처럼 국민들의 건강상태는 열악하지만 의료에 투자하는 금액은 턱없이 모자라고 이를 수행할 의료 인력의 숫자도 부족하다. 인구 만 명당 의사 숫자는 우리나라가 21명인데 비해서 아프리카 평균은 그 1/10이고, 말라위 탄자니아 등은 아프리카 평균의 또 1/10이다. 즉, 우리나라의 1/100이다. 의사 숫자는 의료 인력을 대표한다고 할 수 있다. 일단 의료 인력이 충분해야 환자들이 의사를 한 번이라도 만나볼 수 있지만 여기는 의사 수가 절대적으로 부족하기 때문에 평생 의사한테 한번 진찰받는 것조차 불가능하다.

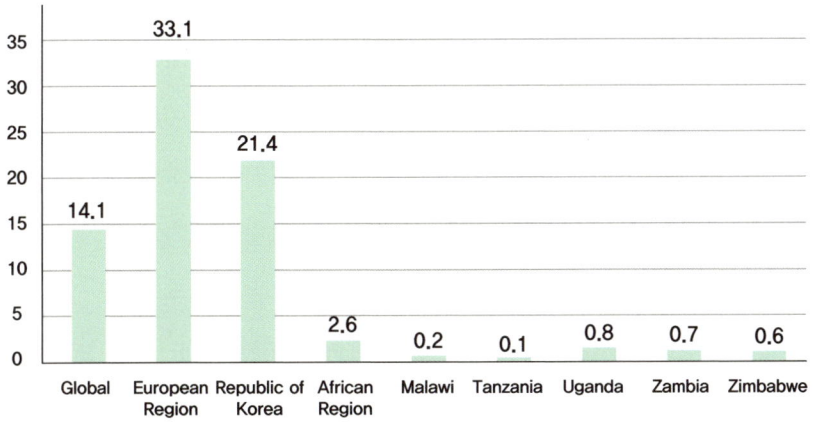

표) 인구 10,000명당 의사 수(전세계 및 지역 비교, 2014년 World Health Organization 자료)[6]

---

6 Modified from World health statistics 2014. World Health Organization 2014

사회간접자본 시설도 매우 열악하다. 2011년 처음 말라위를 갔을 때 놀랐던 것은 국제공항이 마치 우리나라 시골 버스 대합실 같은 공항의 모습이었다. 활주로에서 내려서 입국 수속을 하는 터미널까지 걸어가야 했고, 건물 벽은 허물어져서 사람들이 아무 제지 없이 계류장까지 들락날락 할 수 있는 상태였다. 시골 버스 대합실도 이보다는 나을 것 같았다. 이것이 말라위의 제일의 상업도시인 블랜타이어의 공항 상태였다.

짐바브웨는 남한의 약 3.9배의 면적을 가진 나라로 예전 이름은 로데지아였고 1965년 영국으로부터 독립하였다. 한때 아프리카에서 남아공 못지않게 잘 나가던 나라였다. 식량 생산이 풍부해서 '아프리카의 빵바구니(bread basket of Africa)'라는 별명으로 불렸을 정도이다. 그러나 지금은 2023년 기준 1인당 GDP는 2,627 달러로 최빈국 중의 하나이다[7]. AIDS 감염 비율은 전인구의 15.3%, 1세 이하 영아사망률은 출생아 1000명당 56명이며 전국의 의사 수는 2000여 명(10,000명당 0.6명)으로 의료 환경은 매우 열악하다. 이 나라의 공용어는 영어라서 영어로 의사소통하는 데는 별 문제가 없다. 문맹율은 9.3%밖에 되지 않아서 교육수준도 높고 발전 가능성이 매우 높은 나라이다.[8]

그런데 독립 후 옛 식민지 종주국이었던 영국을 중심으로 한 서방세계의 경제 제재와 장기집권하고 있는 무가베 대통령의 경제 정책 실패로 인해서 경제가 엉망이 되었다. 연평균 물가상승률이 2008년에는

---

7   "World Economic Outlook Database, April 2023". IMF.org. International Monetary Fund. 11 April 2023. https://www.imf.org/en/Publications/WEO/weo-database/2023/April/weo-report
8   The African Regional Health Report, 2014. WHO

220만%나 되었다. (무가베 대통령은 2018년 쿠데타에 의해서 축출되었다.) 100조 짐바브웨 달러 화폐는 지금까지 지구상에서 발행한 화폐 중에서 가장 액면가가 높은 화폐로 기록되고 있다. 그런데 실제 이 돈의 가치는 미화로 5000달러 밖에 안되었다고 한다. 1천억 짐바브웨 달러 화폐의 가치는 5달러 밖에 안되어 이것으로 계란 3개밖에 살 수 없었고 식당에서 점심 한 끼를 먹으려고 하면 돈을 사과 궤짝에 싸들고 다녀야 했다고 한다. 그래서 지금은 자기들 화폐를 없애고 미국 달러를 공용 화폐로 쓰고 있다. 짐바브웨 화폐가 가치가 없어지니 사람들이 화장실 휴지로 쓸 정도였다.

보건 의료 인프라와 병원은 더 말할 나위 없다. 과거에는 남아공과 더불어 비교적 의학 수준도 높던 나라가 독립 후 경제가 어려워짐에 따라서 장비와 물품의 부족과 유능한 의사들이 국외로 이주하여 의료 수준이 더욱 저하되는 악순환을 겪고 있다. 마치 우리나라의 50-60년대와 같은 상황인 것으로 보인다. 휠체어가 망가져서 좌석과 등받이가

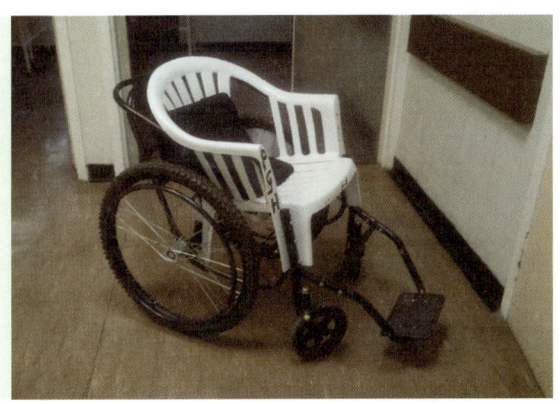

다 떨어져 나갔는데 여기에다 플라스틱 비치 의자를 붙여서 쓰고 있는 것이 눈에 들어왔다. 아이디어가 신기하기도 하였지만 한편으로는 안타깝기도 하였다.

　병원을 둘러볼 때에도 같은 느낌이었다. 짐바브웨의 수도 하라레에는 파리레냐트와(Parirenyatwa) 국립병원이 있다. 이 병원은 한때 짐바브웨는 물론이고 남부 아프리카에서 가장 좋았던 병원이었다. 비교적 부유층이 이용한다는 파리레냐트와 병원은 구내에 짐바브웨 의과대학도 자리잡고 있다. 짐바브웨가 독립하기 전 백인 정권 때 지어진 병원으로 매우 넓고 바닥과 벽은 모두 대리석으로 견고하고 웅장하게 지어졌다. 잠깐 둘러볼 기회가 있었는데 장비는 많이 부족한 것 같았다. 대부분 외국과 국제 기관의 지원을 받아 씨-암(C-arm), 맘모그라피(mammography), 초음파, 투석실, 내시경실 등의 장비는 갖춰져 있었다. 현지의 서민들이 주로 이용하는 하라레 중앙 병원(Harare Central Hospital)의 소아병동과 내시경 수술실을 둘러볼 수 있었다. 소아중환자실은 인큐베이터가 다섯 개 밖에는 갖춰져 있지 않았다.

　외부 지원이 활발하게 이루어지고 있었지만 지원된 장비의 활용은 원활하지 않음을 느낄 수 있었다. 내시경 장비는 일본 자이카(JAICA)에서 기증한 것을 쓰고 있었는데 화면이 잘 나오지 않았다. 특히 헬륨가스를 채우지 못해서 몇 년째 가동중단 상태인 MRI는 아프리카의 문제점을 단적으로 드러내고 있었다.

　방문하는 동안 의학 컨퍼런스를 통해서 이 나라 의사들과 대화할 수 있었고 문제점과 필요에 대해서 들을 수 있었다. 이곳 의료진이 호소하는 애로사항은 해외 원조로 들어온 많은 의료장비들이 얼마 지나지 않아서 망가지는데 유지 보수에 필요한 재원이 없어 수리를 할 수 없다는 점이었다. 고가 장비를 일회적으로 지원하는 것도 중요하지만 더 중요한 것은 그 장비가 잘 활용될 수 있도록 소모품과 부품의 공급, 기술력, 이것을 이용하는 의사들의 능력 등이 조화롭게 어우러져야 할 것 같다.

말라위도 상황은 별반 다르지 않다. 의사 수는 인구 1만 명당 0.2명으로 짐바브웨보다 더 열악하다. 말라위의 수도 릴롱궤에는 카무주 국립중앙병원이 있다. 이곳 소아병동 입원실에는 한 침대에 아이들이 4명이 올라가 누워있고 그 아이들의 엄마들까지 모두 8명이 누워있었다. 그나마 침대를 차지한 환자는 그래도 상황이 나은 편이다. 침대에도 올라가지 못한 환자는 병실 바닥에 누운 채, 엄마가 젖을 먹이고 있었다.

한정된 숫자의 의사, 간호사는 몰려오는 환자들을 감당할 수 없고 장비는 고장이 나서 검사나 치료를 할 수 없고, 약은 부족하여 병원에 와서도 치료를 받지 못하고 죽는 환자들이 부지기수이다. 10km, 20km 떨어져 있는 곳에서 환자가 생기면 앰뷸런스가 없어서 달구지에 침대를 붙여서 사람이 끌고 데리고 온다. 이러니 오는 도중에 환자는 다 죽을 수밖에 없다.

우간다의 수도 캄팔라에는 이 나라에서 가장 좋다는 매케레레 대학의 물라고 병원이 있다. 매케레레 대학은 한때 세계 100위 안에 드는 대학이었다. 그런데 이 병원도 겉으로 보기에는 번듯한 건물이 있지만 안에 가보면 환자들이 침대가 없어서 복도에 누워있고 의료진은 몰려오는 환자들을 감당하지 못하고 있었다.

한 나라가 발전하기 위해서는 자본도 있어야 하지만 교육받은 실력 있는 인재들이 있어야 하고 이들이 일을 잘 하기 위해서는 건강이 유지되어야 한다. 그런데 이들의 건강을 책임질 보건의료 환경은 통계로도 나타나 있고 실제로 눈으로 보아도 매우 열악하다. 제2차 세계대전이 끝난 후 많은 아프리카 나라들이 독립하였고 이 나라들에 많은 원조와 지원이 들어갔다. 유럽의 구식민지 종주국들이 지금까지 60여 년 동안 엄청난 물량을 쏟아 부었지만 그들의 생활은 나아지지 않았고 오히려 의존성만 더 키웠다는 평가를 받는다. 더 나쁜 것은 원조로 인해서 자체 산업기반이 파괴되는 역설적인 상황이 생기는 것이다.[9]

이들의 상황은 140여 년 전에 조선이 처한 상황과 너무도 비슷하다. 무조건적인 원조가 능사가 아니라 우리나라가 140년 전에 복음으로 인하여 의식개혁과 영적 각성이 일어났듯이 이들에게도 복음으로 회개가 일어나고 개인의 영적 각성과 변화가 전제 되어야만 궁극적인 사회의 변화가 온다고 생각한다. 이런 것에 대한 반성과 우리의 발전 경험을 생각해 볼 때 물고기를 주는 것이 아닌 물고기 잡는 법을 가르쳐 주는 도움만이 진정으로 그들이 발전할 수 있게 도와줄 수 있다는 생각을 하게 된다.

---

[9] 김명주, 최지영, 강성국, 이하늘. 백인의 눈으로 아프리카를 말하지 말라. 미래를 소유한 사람들. 2012

7
ANOTHER MISSION

아프리카 미래재단

　내가 아프리카에 관심을 갖게 된 것은 2011년부터이다. 지금 아프리카의 사역을 같이 하고 있는 동역자이자 멘토인 분이 아프리카에서 의과대학 교육 사역과 의료 선교를 한다는 얘기를 듣고 흥미가 생겼고, 2011년 아프리카 미래재단(Africa Future Foundation)이라는 NGO를 통해서 아프리카에 처음 단기 선교 비전 트립을 가게 되었다.
　그곳을 다녀오고 나서 낙후된 아프리카에 대한 연민, 구원받은 성도로서 복음에 빚진 자와도 같은 마음, 내가 가진 달란트를 나누어야 한다는 부담감을 가지게 되었다. 하나님이 내게 무언가를 말씀하고 계신다 하는 생각이 들었다. 내가 은퇴한 뒤에는 무엇을 하면서 살아야 할까 하는 생각들이 밀려왔다. 그래서 의료 선교에 관심을 가지게 되었고 한국기독교 의료 선교협회의 산하에 있는 의료 선교 교육훈련원에서 의료 선교사 훈련도 받았다.
　아프리카 미래재단은 질병과 빈곤으로 고통받는 아프리카 사람들의 열악한 보건의료 상황을 개선하려는 목적으로 세워진 비영리공익사단법인(NGO)이다. 그들 스스로 보건의료 문제를 해결하고 자립할 수 있도록 도와서 아픈 사람들을 더 잘 치료하고 건강한 사회로 발전하고 삶의 질을 향상시킬 수 있도록 지원하고 있다.

그 목표를 달성하기 위하여 현지 병원의 현대화에 대한 자문을 하고, 한국의 선진 의료기관과 정부와의 협력을 통하여 의료 인력의 교육 훈련과 IT 전문가를 양성할 수 있는 교육 사업을 진행하고 있다. 보건의료와 관련된 국제 협력 사업을 진행하고, 현지의 선교 병원에 대한 장비, 인력 및 운영 지원을 하며, 전문 인력의 교육 훈련 프로그램을 주선하여 선진 교육을 통해서 현지인 전문 인력을 양성함으로써 그들 스스로 보건의료 문제를 해결하도록 도와서 자립하는 것을 목표로 하고 있다. 이 단체는 그들이 자립할 수 있도록 돕는데 뜻을 두고 있다.

아미재는 2007년 설립된 이래로 아프리카의 의료 수준의 발전을 위하여 협력하는 사업을 해왔다. 말라위의 수도 릴롱궤에 한국 의료 선교사가 세운 병원에 내과 의사를 파견하여 협력하였고, 의료 장비 현대화와 인공신장 투석실 설치를 도와주었다. 병원이 확장되고 간호대학을 세우고 교수 요원이 필요할 때 재단에서 주선하여 은퇴하신 간호대 교수를 파견 지원하여 간호대학이 자리를 잡아가는 데 일조를 하였다.

잠비아에서는 한국인 선교사가 세운 치소모 아동병원에 한국의 후원자를 연결하여 의료인력을 파견하고 현지 의료인을 훈련시키는 사업을 진행하고 있다. 또한 한국 정부의 국제보건의료재단 (KOFIH)과 아미재의 협력 사업으로서 의료기기 지원센터를 건설하여 아프리카 지역의 병원의 의료장비 정비를 지원하는 인력양성과 수리 센터로서 역할을 하고 있다.

말라위에서는 프로젝트 말라위라는 에이즈 예방사업과 모자보건 사업을 우리나라 정부의 지원으로 수행하였다. 재단에서는 한국에서 청년들을 선발하여 6개월 또는 1년 기간으로 사업 진행을 맡은 펠로우를 파견하고 있다. 이들은 아프리카의 개발과 그 사람들의 생활여건을 개선하고 발전하는 것을 돕는 데에 대한 꿈을 가지고 훈련받기를 원하는 젊은 청년들이다. 이들이 앞으로 아프리카를 변화시키는데 한국이 해야 할 역할을 감당할 수 있는 자원이 될 것이라는 기대를 한다.

그밖에도 에티오피아, 짐바브웨, 케냐, 마다가스카르, 에스와티니 등 19개 나라에서 네트워크를 구축하여 의료보건 지원과 현지 의료인을 교육 훈련하여 자립 의료시스템을 구축하는데 도움을 주고, 아동 및 청소년들에게 지속적인 교육을 지원하여 지역 공동체의 리더로 양육하는 사업을 진행하고 있다. 또한 아프리카에 대한 이해를 증진시키고 현지의 선교사역 현장을 방문하여 현지 선교사들을 돕고, 현지 의료 사회와 학술 교류를 하는 목적으로 매년 단기 선교 비전 트립을 하고 있다.

아미재는 의료장비나 인력을 지원하는 것에서 더 나아가서 현지의 의사들을 교육하는 국제 의학 학술대회를 꾸준히 함께 개최하고 있고, 이분들을 한국으로 초청하거나 전문가들이 아프리카로 가서 의학지식과 기술을 전달하는 교육을 하는데 초점을 맞추고 있다. 2012년부터 짐바브웨, 말라위, 남아공화국에서 단기 의료봉사를 진행하였고 현지 의료진들에 대한 학술대회를 개최하였다.

짐바브웨 의사회에서는 짐바브웨에서 가장 큰 연례 의학학술대회를 매년 개최한다. 나는 2012년 8월 15일-19일까지 빅토리아 폭포에서 열린 이 의학학술대회에 참가하여 한 세션을 주관하여 준비하는 역할을 맡았다. 학술대회의 주제는 'Multidisciplinary Approach to Medical Management'로 한국측에서는 5명의 대학교수 및 종합병원 전문의가 참여하여 한국의 발전된 의료를 소개하고 강의를 하였으며 상호 협력방안을 토론하는 뜻깊은 기회를 가졌다.

아프리카의 마다가스카르에는 한국인 외과 의사가 20년 넘게 그곳의 환자들을 돌보며 활동하고 있다. 이분은 마다가스카르의 오지에서 병원이 멀기 때문에, 가난하기 때문에, 또한 그 나라 병원의 의료수준이 그 병을 감당할 수 없기 때문에 치료를 못 받고 치료를 포기한 환자들을 수술하여 새 생명을 얻게 해주고 그곳에서 감당할 수 없는 환자

들은 한국으로 데려와서 수술받게 하고 치료를 도와주는 활동을 하는 분이다. 거리도 멀고 변변한 자동차 도로도 없어서 접근이 어려운 오지 마을에 금방이라도 고장날 것 같은 털털거리는 트럭에 의료장비와 의료진을 태우고 며칠을 걸려서 찾아간다. 때로 교통수단이 여의치 않으면 비행기를 물색하여 진료에 나서기도 한다.

나의 동문이기도 한 그 외과 의료 선교사가 아쉬워하는 가장 큰 문제가 제대로 훈련받은 병리 의사가 없고 병리조직을 처리할 장비와 전문인력이 부족하여 수술을 해도 그것이 악성종양인지 양성인지 구별을 할 수 없기 때문에 후속 치료의 방향을 잡을 수 없다는 점이었다. 마침 같은 대학에 계신 내가 존경하는 병리과 교수님께 의논을 하니 교수님이 현지의 병리 의사들을 훈련시키자는 안을 내셨다. 그 교수님은 몽골에서 10여년 간 병리 의사를 교육하고 세포병리 기술을 훈련시켜서 몽골의 병리학 수준을 높이고 자립할 수 있는 토대를 만드신 분이다.

이 프로젝트의 이름을 바오밥 프로젝트라고 이름을 붙였다. 바오밥 나무는 아프리카의 어디에서도 볼 수 있지만 특히 마다가스카르의 바오밥나무는 생김새가 특이하고 아름답기로 유명하다. 바오밥 프로젝트를 풀어서 쓰면 'Becoming friends and Accordance with Olona (말라가시 말로 people이라는 뜻) of Madagascar and Korea by Bilateral cooperation in Anatomic and cytopathology for Better women's health'이고 단어의 맨 앞 철자를 따서 BAOBAB이라고 명명하였다. 매우 긴 문장인데 해석을 하면 '더 나은 여성 건강을 위한 해부/세포병리학의 상호협력을 통하여 마다가스카르와 한국 사람들은 한마음으로 일치하며 친구가 된다'라는 뜻으로, 다소 거창한(?) 이름으로 시작하였다. 아무도 해보지 않은 일이라 출발은 어설펐고 틀이 안 잡혀 있었지만 오히려 이런 일이 훨씬 더 보람 있고 재미있었다. 마치 형태가 없는 흙반죽으로 모양을 만들어간다는 것이 얼마나 흥미 있고 보람이 있는지 모른다.

2016년 1월 1차 교육과정이 시작되었다. 우리나라에서 유명한 대학병원의 교수님들이 총출동하여 한마음으로 헌신해 주셨다. 마다가스카르의 의료 관계자, 보건부 관리, 의대학장, 병리과 교수와 의료진 등의 관심이 뜨거웠고 열정적으로 교육을 받는 모습에 이런 프로젝트가 반드시 필요함을 알게 해 주었다. 5회까지 프로그램이 계속되어 많은 병리 전문가들을 훈련시킬 수 있었다. 이 사업이 토대가 되어 그 외과 의사는 지금 지역사회에서 필요로 하는 통합 의료 전문가를 양성하기 위해서 힘쓰고 있고 재단도 그 사업에 일조를 하고 있다.

아프리카 하면 전쟁, 기근 그리고 부패 등으로 인식되어 있고 아직 우리에게서 멀게 느껴지지만, 이들의 역사의 아픔을 이해하고 마음으로 다가가면 매우 가깝게 느껴진다. 사하라 남부 아프리카는 정치적으로 비교적 안정되어 있고 부존 자원과 기후 등을 볼 때 의식 개혁과 체계적인 자본의 지원이 있다면 발전할 수 있는 조건을 두루 갖추고 있다. 우리는 짧은 시간 안에 선진국 대열에 들어선 우리나라의 경험을 전해줄 수 있고, 이 나라에는 우리의 도움이 필요한 부분이 많이 있다.

선진 기술과 시스템의 습득도 중요하지만 우리의 강점을 잘 살려서 저개발국들이 동반 성장할 수 있는 우리나라의 노하우를 알려주는 것도 중요하다. 아미재 같은 국제협력 단체가 국내의 기관, 사회단체, 관심 있는 개인들과 연대하여 협력한다면 큰 열매를 맺을 수 있다고 생각된다. 역동적으로 발전하는 아프리카에 지금 우리가 도움의 씨를 뿌리면 50년, 100년 후에는 오히려 우리의 후손들에게 큰 보답으로 돌아올 것이라고 생각한다. 아프리카 미래재단을 통하여 건강한 아프리카를 아프리카 사람들과 같이 이루어가겠다는 꿈을 꾼다.

천명의 용사들의 언덕

뭉게구름 피는 천명의 용사들의 언덕

추수 끝난 논에 왜가리는 점잔을 빼고

불타버린 왕궁은 백골이 되어 남아

백성의 마른 삶이 뼈 사이로 날아간다

천 명의 용사[10]도 대포도 그들을 지키지 못했다

그들의 눈물은 대포알보다 더 무겁다

뚝방에 널린 빨래는 하루치 가족의 식량

탈곡한 벼들은 농부의 자부심

철길 옆 쓰레기 더미에서 애 업은 엄마가 오늘 쓸 것을 찾는다

---

10 마다가스카르의 수도 안타나나리부는 천 명의 용사들의 언덕이라는 뜻이 있다.

홍수에 집이 잠겨도 아름다운 나라

해진 옷을 걸쳐도 아름다운 사람

그래서 더욱 아픈 이 땅

맨발의 아이들의 코 때묻은 얼굴에 행복이 넘친다

주님 추수할 일이 많으니

일꾼들을 보내 주소서

여기에 보내심을 받은 자들이 있다

거저 받았으니 거저 주러 왔다

아름답도다 좋은 소식을 전하는 자들의 발이여[11]

(2016.1월 마다가스카르 안타나나리보)

---

11 ≪가면서 전파하여 말하되 천국이 가까이왔다 하고 병든자를 고치며 죽은 자를 살리며 나병환자를 깨끗하게 하며 귀신을 쫓아내되 너희가 거저 받았으니 거저 주라≫ 마10:7-8

9
ANOTHER MISSION

의료 선교에 대하여

　한국의 개신교 선교 140년의 역사는 의료 선교의 역사와 함께 하고 있다. 조선시대 말 우리나라는 전염병이 창궐하여도 전통적인 의학지식과 기술로는 병을 고칠 수 없었고, 여러 동란과 전쟁으로 사람들의 생활은 피폐하였고, 국가의 운명은 풍전등화와도 같아서 희망이 없었다. 그때, 죽음을 무릅쓰고 이 땅에 들어와 복음을 전한 선교사들은 가난한 사람들을 구제하고, 병든 자를 고쳐주며, 희망이 없는 젊은이들을 교육시키면서, 당시에는 보이지 않았으나 미래 우리나라의 소망을 기대하며 아브라함처럼 그렇게 약속의 땅의 터를 세웠다. 이들은 이 땅에 자신뿐만 아니라 아내와 자식 그리고 그 이후의 자손들의 피를 흘리며 복음의 나라를 세우고자 하였다.
　당시 선교사들의 많은 비율이 의사와 간호사 같은 의료 선교사였다. 미국 북장로교 선교사로 파송된 알렌(Horace Newton Allen) 의사는 광혜원과 제중원의 설립과 운영에 헌신하였다. 이를 토대로 하여 1885년 제물포를 통하여 언더우드, 아펜젤러 선교사가 들어오는 등 조선에 선교의 문이 비로소 열렸다고 볼 수 있다. 이렇듯 의료 선교는 기독교 선교의 문을 여는 중요한 수단이었다.

그렇게 헌신한 분들 중 한 분이 내가 나온 고려대학교 의과대학의 전신인 조선여자의학강습소-후에 경성여자의학강습소-를 세운 로제타 홀 선교사이다. 로제타 홀 선교사는 특히 여성들을 치료하기 위하여 병원을 세웠고, 여성 의료 인력을 교육하기 위해서 여자 의학교를 세웠다. 그녀가 특히 관심을 가진 것은 맹인 등 장애인을 위한 사역과 여자 의사를 키워서 조선의 여성들에게 의료 혜택을 주려고 노력한 것이다.

그 당시에는 남녀가 유별하여 여자 환자는 남자 의사에게 가는 것을 금기시했으므로 여성들은 병이 나도 치료받지 못하고 그냥 죽는 경우가 많았는데 홀 여사는 이를 안타깝게 생각하였다. 그의 남편은 35살의 젊은 나이에 청일전쟁 중에 평양에서 전염병에 걸려서 사망하였고 그의 딸 에디스 마거리트도 태어난 지 3년 만에 이질에 걸려서 이 땅에서 세상을 떠났다. 그러나 그녀는 남편과 딸을 조선 땅에서 잃고도 이곳을 떠나지 않고 50여 년을 우리나라 사람들을 위하여 헌신하였다. 그의 아들 셔우드 홀은 우리나라의 결핵 퇴치와 의료 환경을 개선하기 위해서 애썼다. 그들은 온 생명을 바쳐서 조선의 복음화와 구제를 위해서 헌신하였고 그 토대 위에 발전한 우리가 있다.

우리는 이처럼 복음에 빚진 자들이다. 지금의 아프리카는 중풍병자였던 우리나라가 140년 전에 겪었던 일들을 고스란히 겪고 있다. 우리가 걸어왔던 여정을 잘 알고 있는 우리는 그들이 겪고 있는 지금의 고통을 남의 일처럼 외면할 수 없다. 아프리카 하면 킬리만자로나 세렝게티, 그리고 야생동물과 같은 경이로운 자연에 주목하고 그와 동시에 산업화에 뒤쳐져서 낙후되고 열악한 사회경제적 환경을 먼저 생각하게 되지만, 이제는 그 안에서 사는 사람들, 웃음이 많고 행복해하는 아이들을 생각하고, '내가 가진 조그만 달란트로 무언가를 해줄 수 있다.'라는 빚진 자의 마음을 가졌으면 한다.

많은 의료 선교사들이 평신도로서 전문적인 지식과 기능을 활용하여 선교에 참여하고 있다. 우리나라에 온 많은 선교사들이 의료 선교사로서 하나님의 사랑을 보여주었듯이 의료 선교는 하나님의 사랑을 직접적으로 눈으로 보여줄 수 있는 하나님의 소중한 도구이다. 그들은 교통도 불편하고 전기와 수도도 없는 오지에 들어가서 치유 사역을 통해서 복음을 전파하는 사역을 하고, 남들이 가지 않고 꺼리는 곳으로 가서 소외된 사람들을 섬기는 일을 하고 있다.

오지로 들어가거나 단독으로 하는 의료 선교는 많은 경우 일차 의료를 담당하는 형태를 띠게 된다. 최근의 다른 문화권에 파송된 의사, 치과 의사, 간호사 등 의료 선교사들은 이제는 단순한 일차 의료에 국한하지 않고 다양하고 전문화된 의료 지식과 기술을 요구하고 있는 분야에서 일하고 있다. 일차 의료에 국한하기에는 그들에게 기대하는 현지의 요구 수준은 높아지고 있기 때문이기도 하고, 일차 의료는 아프리카 나라들에서도 이제는 국가가 형식적이나마 대부분 담당하기 때문에 더 이상 선교사가 담당할 여지가 많지 않고 점차 축소되고 있는 추세이기 때문이다. 그럼에도 보편적 여러 상황에 대처가 가능한 일차 의료 분야는 아직도 의료 선교의 중심에 있다.

의료 선교도 현지 국가의 제도와 상황 변화에 따라 다양한 형태로 변화 적응하고 있다. 전적으로 선교 단체나 교회의 후원에 의존하는 형태도 있지만 자신의 전문적인 지식과 재능을 가지고 현지에서 취업을 하여 선교지에서 전문적인 기술을 가진 직업인으로 일을 하면서 수입을 얻고 그 수입으로 생활과 선교 사역을 하는 형태가 있다. 직업인으로서 선교적 사명을 가지고 타 문화권에서 생활하면서 그들의 부족한 부분을 채워주며 예수의 사랑을 실천하는 전문 직업인도 훌륭한 선교사라고 생각한다.[12]

전문 의료 선교인이 현지에서 비즈니스를 일으켜서 현지인을 고용하고 전문 분야의 기술을 전수하여 지속 가능한 선교를 하는 선교로서의 사업(Business As Mission, BAM)의 형태로 자기가 사업을 영위하는 경우도 있다. 그들에게 전문 의료 분야의 지식과 경영의 노하우를 전수해 주고 궁극적으로는 비즈니스를 현지인에게 이양하여 현지인들로 하여금 자립하여 의료 선교의 주역을 담당하게 하는 형태도 있다. 그 과정에서 그들에게 선교사의 생활과 삶을 보여줌으로써 하나님의 사랑을 전파하는 역할을 감당하고 있다.[13]

현지의 니즈를 파악하는 것이 중요하다. 그래야 내가 가진 역량과 현지의 필요를 적절히 접목할 수 있다. 최근의 의료 선교의 형태는 전문화되고, 발전되고 고도화된 기술의 적용과 기법의 전수 등으로 확대되고 있다. 그러나 지식과 기술의 고도화가 될수록 접목될 수 있는 사역지의 범위와 선교사의 역할은 제한된다. 이런 것이 일반적인 선교단체

---

12 손창남 직업과 선교pp98 조이선교회, 2012 (ISBN 978-89-421-0335-5 03230)
13 주수경 선교사의 뒷모습. 비아토르 2023

와 현지의 의료 선교사 사이의 갈등의 요인이 되기도 한다.

의료 선교도 개인적인 클리닉 형태에서 입원실이 있고 수술이 가능한 병원 규모로 확장되고 있는 추세이다. 국가, NGO 기관, 선교 단체, 교회와 선교사 등 많은 주체들이 병원과 더 나아가서는 의과대학을 설립하고자 노력하고 있고 운영하는 사례도 있다. 이런 일은 웬만한 재정과 의지와 인적 자원을 갖추지 않고서는 감당하기 어렵다.

요즘엔 국가 차원에서 개발도상국에 대한 의료 관련 지원도 많아지고 있으므로 이런 기회를 잘 활용하는 것도 생각해 볼 수 있다. 의료 선교사는 그 지역에 대한 문화적, 감정적 친밀감이 있으므로 이런 자원을 국제협력의 주체들과 잘 연결하는 것이 좋겠다. 개발 협력사업에 선교적 사명이 있는 크리스천들이 많이 참여한다면 복음 전파에도 많은 도움이 될 것이다.

이를 위해서는 선교 기관들이 글로벌화 해야 할 필요가 있다. 그것이 가고자 하는 사람들과 현지의 수요를 원활히 연결하는 방법이다. 의료 봉사와 선교에 관심이 있는 사람들을 끌어들이기 위해서는 그들의 역량을 정확히 파악해야 하고, 그들이 줄 수 있는 것을 파악하고 거기에 맞는 사역지와 사역의 방향을 제시해야 한다. 무작정 가라고 하거나 또는 안이하게 내가 하고 있는 것으로 통할 수 있다고 생각해서도 안 된다.

의료 선교사로서의 헌신은 하나님의 부름에 응답하는 것이다. 헌신하는 시기는 청년기, 장년기, 은퇴기로 나누어 볼 수 있다. 자신의 경력이 완전히 다져지지 않은 인생 초반의 청년기는 경력은 짧지만 육체적 사역의 활동력은 강하고 장기 사역으로 진행될 수 있으나 일생을 건 결단을 해야 한다. 장년으로서 경력이 다져진 다음에 헌신하려면 사회적으로나 육체적으로나 능력면에서나 황금기이지만 현재 감당하고 있는 지위, 자녀 문제, 가정 내의 역할 때문에 선뜻 결단하기 어렵다. 은퇴한 후에는 전문성도 원숙하고 사회적 지위도 내려놓게 되므로 헌신할 기회는 많으나 건강이 허락하지 않을 수 있다.

우리는 많은 의료 선교사들의 애기를 듣는다. 대부분 성공한 사례들을 많이 듣고 본다. 그러나 실패한 경우도 있을 것이다. 실패의 정의는 모호하지만 좀 더 범위를 넓게 본다면 의료 선교에 관심을 가졌으나 실행에 옮기지 못한 사람, 실행에 옮겼으나 현지의 환경과 사역의 내용이 적합하지 않아서 원래 계획한 것보다 더 짧게 사역을 중단하거나 변경해야 했던 경우, 건강이 허락하지 않은 경우, 사역자들과의 갈등으로 사역을 계속하기 어려운 경우들이다.

목표로 삼은 사역지와 사역의 범위가 현지에 도착한 후에 원활하게 매치되지 않기도 한다. 물론 준비 부족이기도 하다. 이렇게 본다면 성공한 사람들보다 실패한 의료 선교사들이 오히려 더 많을 것이다. 그러나 그 실패는 실패가 아니다. 그 실패에서 얻은 경험을 가지고 더 발전된 사역을 찾아 나갈 수 있고 이전의 실패가 다음 사역의 자양분으로 작용할 것이기 때문이다.

이들에게도 관심을 가지고 의료 선교에 실패한 사례들을 살펴서 원인들을 잘 분석하여 선교사 케어나 사역의 방향 설정에 활용하면 좀 더 성공적인 의료 선교를 수행할 수 있을 것 같다. 이런 면에서 선교단체들의 역할은 선교사들을 동원하고, 선교지를 소개하고 그들을 보내는 차원에서 더 나아가 현지 정착을 위한 사전 현지조사와 사역의 조건과 책임 범위, 그리고 생활 환경을 충분히 조율해 줄 필요가 있다.

선교사가 개인적으로 준비하는 경우는 준비를 아무리 많이 한다고 해도 사전에 선교지에 자주 방문할 수도 없고 일생일대의 경력을 포기해가면서 결정을 하는데 한 번 실패하면 돌이킬 수 없게 되어 선교의 열정을 잃어버릴 수 있다. 현직에서 은퇴하였거나 은퇴를 예정에 둔 전문가를 초빙하는 것은 선교지 병원의 발전을 위해서 꼭 필요하고 바람직한 일이다. 그러나 오겠다고 하는 사람과 필요로 하는 기관의 매치를 잘 조율해야 한다. 그리고 그들이 와서 일할 수 있는 여건을 마련해 주는 것이 중요하다.

가서 일하는 사람의 고민은 건강, 자신의 전문성이 과연 이곳에 얼마나 효용성이 있어서 효과를 발휘할 것인지의 문제, 기본적인 생활인으로서 경제적인 문제의 해결, 장기적인 전문인으로서의 경력관리, 업무내용, 실력과 능력, 건강 상태 등 복합적이다. 이들이 선교의 열정을 잃지 않도록 지원과 관리를 할 필요가 있다. 구호만으로는 지속 가능한 선교를 할 수 없다.

다양한 나이와 다양한 배경을 가지고 있는 의료 선교사 지망자들을 실제 의료 선교사로 헌신하는 단계로 나아가게 하는 데는 다양한 형태의 의료 선교에 노출되게 하는 것도 중요할 것이다. 단기 의료 선교를 2년 이내의 사역이라고 볼 때 이는 또 다른 장기 사역의 토대로 작용할 수 있다. 본국에서 단기간의 휴가, 안식년, 휴직, 또는 공백기를 활용하여 단기 의료 선교를 경험하는 단기 선교는 장기 선교로 가기 위한 징검다리 같은 것이다.

많은 단기 선교 희망자들을 발굴하고 그들이 사역을 충실히 할 수 있도록 후원하여 그들 중에서 장기 선교사로 헌신하는 사람들이 많이 나오도록 격려하고 후원할 필요가 있다.[14]

---

[14] 심재두 외. 단기 의료 선교의 새로운 패러다임. 좋은 씨앗 2016

10

ANOTHER MISSION

약속의 땅

약속의 땅 (히브리서 12:14-29)

안개 속에서 갈 바를 알지 못해도 우리를 보내시는 주님
갈림길에서 나를 인도하소서.
폭풍우 몰아치는 불타는 산에서 말씀하시는 하나님
하나님의 말씀에 귀를 막지 않게 하소서
두려움 속에서 우상을 의지하려는 우리게
그 우상이 나를 살리는 것이 아님을 깨닫게 하소서

침침한 흑암 가운데 하나님의 얼굴을 보게 하소서
우리의 쓴 뿌리가 가시가 되어 서로를 찌르지 않게 하소서
남에게 상처 주는 일이 나를 파괴하는 것임을 깨닫게 하소서
우리 서로 기도하게 하소서

단련과 인내로 오래 참음으로 화평케 하는 자가 되게 하소서
학대받는 자에게로 와서 따뜻한 심장을 가지고 섬기게 하소서
내가 있는 자리가 예배의 자리가 되게 하시고
나를 통하여 거룩한 산 제사를 드리게 하소서

내가 약속의 땅임을 알게 하소서
삼십 배 육십 배, 백배의 열매를 맺을 수 있는 밭이 되게 하소서
흔들릴 수 없는 나라를 받았음을 감사하게 하소서

히브리서 11장 8-10
8 믿음으로 아브라함은 부르심을 받았을 때에 순종하여 장래의 유업으로 받을 땅에 나아갈새 갈 바를 알지 못하고 나아갔으며
9 믿음으로 그가 이방의 땅에 있는 것같이 약속의 땅에 거류하여 동일한 약속을 유업으로 함께 받은 이삭 및 야곱과 더불어 장막에 거하였으니
10 이는 그가 하나님이 계획하시고 지으실 터가 있는 성을 바랐음이라

아브라함은 하나님의 약속을 믿고 자기의 고향을 떠났다. 그는 하나님께서 약속하신 땅에 거주하면서도 나그네처럼 살았다. 그는 하나님의 약속의 땅을 언약으로 받았는데 그가 세상에 살 동안 실제로 소유한 땅은 사라를 매장한 무덤 밖에는 없었다. 아브라함은 지금 당장 얻을 수 있는 소유가 아니라 하나님의 계획하신 도성을 바라보았다. 하나님께서 아브라함에게 "너는 복이 될지라"라고 약속하신다. (창 12:2) 그는 자신이 복이 되어 하늘의 도성을 바라는 많은 민족의 아버지가 될

것이라는 약속을 받았고 또한 그렇게 되었다.

　하나님은 나에게도 동일한 약속을 주셨다고 믿는다. 아브라함이 땅을 약속받고 자손들이 거할 땅을 갖기 위해서 노력하지만 그가 생전에 약속의 땅은 받지 못했듯이 하나님께서 주시는 땅을 나도 받지 못할 수도 있다. 하나님이 나에게 주신 약속의 땅은 지상 이곳저곳에 있는 것이 아닌 나 자신이 약속의 땅이 되는 것이다. 그래서 나를 통하여 많은 사람들이 복을 받는 것, 나를 통하여 많은 사람들이 천국에 가게 되는 것이 진정으로 하나님께서 원하시는 것이라는 생각이 든다. 바로 그것이 품고 가야 할 삶의 의미이다. 그렇게 순종하며 나갈 때 아브라함 자신이 약속의 터전이 되었듯이 내가 약속의 땅이 될 수 있다고 믿는다.

　갈 바를 알지 못하고 하나님의 약속만을 믿고 떠난 아브라함에게 주신 사명처럼 하나님이 나에게 주시는 시험과 사명이 이런 것일까 하고 생각한다. 손에 움켜잡은 것 때문에 하나님의 부르심에 응답할 수 없을 수도 있겠다는 생각이 든다. 언젠가 하나님이 부르실 텐데 나의 시간표가 아니라 하나님의 시간표대로 부르시는 그때, 온전히 순종할 수 있을는지 자꾸 두려운 생각이 든다. 이 길을 걸어갈 수 있게 손잡아달라고 기도하였다.

11

ANOTHER MISSION

어느 바보 의사의 이야기

'그 청년, 바보 의사'라는 책을 읽었다. 책 제목이 눈에 뜨이기도 하였지만 저자가 크리스천이라는 것이 흥미를 끌었다. 그런데 더 놀라운 것은 그 청년 의사는 나의 대학 후배였고 33세의 젊은 나이로 군의관으로 복무할 때에 하나님께 부르심을 받아서 천국으로 간 청년이었다. 그가 떠난 후 그를 잊지 못하던 사람들이 그가 써 놓은 글들을 모아서 유고집을 만든 것이었다. 내가 아직 하나님을 알지 못하던 때에 그 청년은 그렇게 나에게 찾아왔다.

'안수현', 그 청년 의사의 이름이다. 한 장 한 장 책장을 넘길 때마다 넘치는 눈물과 감동을 주는 내용이다. 책을 읽으면서 그것이 나는 몰랐지만 내가 일했던 같은 병원에서 나의 바로 옆에서 벌어진 사건들이었다는 것이 더욱 더 생생함을 전해주었다.

나는 아버님과 어머님이 감리교 신자인 기독교 집안에서 태어난 이른바 모태 신앙인이라고 할 수 있다. 국민학교에 들어가기 전부터 어머니를 따라서 교회에도 나갔고 집에 신도들이 심방하러 와서 찬송가를 부르는 것을 보면서 성장하였지만, 부모님도 나에게 교회 생활을 적극적으로 권하지도 않았고 잦은 이사 때문에 교회는 자연히 멀어졌다.

의대생이 되면서 과학적 사고 방식을 토대로 예수를 그저 위대한 성인 정도로만 생각했지 창조나 원죄 그리고 처녀 잉태나 대속 부활도 이해하기 어려웠다. 역사적인 예수에 집착하여 예수를 이해하기 위해 철학적으로 공부하였고 인간의 고통의 문제, 천지창조와 원죄의 문제에 대한 이성적인 해답을 얻고 신의 존재를 증명하기 위해 또는 부존재를 증명하기 위해 책도 많이 읽고 공부에 매달렸다. 우주를 총괄하는 법칙에 대해서는 인정을 했지만 말씀으로 천지를 창조하고 인간과 친밀한 교제를 하고 인간의 일에 간섭하는 인격적인 하나님은 받아들이기 어려웠다. 인간의 고통이 왜 오는지, 하나님은 손수 창조하신 인간에게 자유의지를 주셔서 타락하기까지 왜 간섭하지 않고 내버려 두시는지 이해하기 어려웠다. '내 문제는 내가 해결할 수 있다' 라는 교만에 사로잡혀 있었다. 그렇게 나의 교만함으로 하나님을 외면하고 산 세월이 50여 년이 되었다.

진단방사선과 (지금의 영상의학과) 전문의가 된 후 군대를 갔다. 군의관으로 제대를 하고 핵의학이라는 새로운 분야에 발을 들이고 마침내 대학 교수가 되어서 외면적으로 성공한 것 같았다. 그 당시 나의 목표는 경제적으로 안락한 생활, 교수로서의 명성, 그리고 편안한 노후였다.

그렇지만 하나님에 대한 관심의 끈을 놓지 않도록 나의 주변에서 예수의 향기를 풍기는 사람들을 많이 만날 수 있었다는 것이 돌이켜 보면 하나님의 세미한 예비하심인 것 같기도 하다. 내 주변에 신앙의 연륜과 영성이 아주 탄탄하여 내가 많이 부러워하기도 하고 도전이 되기도 하는 사람들이 많다. 나를 아프리카로 이끈 분도 그런 분들 중의 한 분이다.

그 청년의사는 정말 바보 같은 삶을 살았다. 의사라면 환자들 앞에서 전지전능한 것처럼 보여야 하고, 피곤한 일과가 더 길어질까 봐 환자나 보호자와는 꼭 필요한 대화만을 하고, 한치의 실수도 없는 것처럼 행동하는 나 같은 의사와는 달랐다.

그는 한밤중에 환자의 침대 옆에서 기도하였고 자신의 인간적인 무력함을 솔직히 인정하고 하나님께 치유의 능력을 부탁하는 의사였다. 다른 의사들이 질병을 기계적인 것으로 생각하고 질병에만 관심을 가지고 환자들과 개인적인 상담이나 깊은 영적인 얘기를 하지 않는 이때 쓸데없이 환자들의 얘기를 새벽까지 들어주던 의사였다. 그는 하나님께서 만드신 영적인 인간을 전인격적으로 치유하려는 눈을 가진 의사였다. 그는 기회만 되면 하나님을 전하는 사람이었고 온몸으로 하나님을 증거하던 사람이었다.

그 의사의 얘기는 나를 돌아보게 했다. 미국 연수를 마치고 우연히 만난 교회 장로인 대학 선배가 교회에서 하는 의료봉사에 참여해달라고 부탁하였을 때도 봉사에만 참여하고 주일 예배에는 참여하지 않았다. 그럼에도 조금씩 변화되는 나의 모습을 볼 수 있었고 문득문득 하나님의 임재를 느끼곤 했다.

2005년에는 오스트리아 비엔나의 국제원자력기구(IAEA)에서 몇 달간 일을 할 기회가 있었다. 전 세계의 핵의학 기관의 실태조사를 하는 업무였다. 처음으로 가족과 떨어져서 혼자서 하는 생활은 비엔나의 기후만큼이나 춥고 외로웠다. 우연의 일치였는지 내 주변에 조금씩의 변화들이 생기기 시작한 것도 그때 즈음이었다.

그 해 장모님이 돌아가셨다. 당뇨 합병증으로 만성신부전이 생겨서 투석을 하면서 돌아가시기 전까지 우리 집에 모시고 있었는데 놀라운 일이 일어났다. 철저한 불교 신자셨던 장모님이 돌아가시기 몇 달 전에 세례를 받으신 것이다. 아마도 돌아가시기 전에 마음이 약해져서 세례를 받으셨다고 치부할 수도 있다. 그러나 그 사건을 통하여 하나님이 나에게 말씀하고 계시는 것 같은 느낌을 받았다. 그것은 하나님의 경고였다고 생각한다. '이제까지 살아온 것 주님의 은혜'라는 찬양처럼 내가 살아온 것, 이룬 것이 하나님의 은혜임을 망각하고 살아온 것이다.

장모님이 돌아가시고 나서 많은 어려움이 닥쳤다. 어떻게 보면 내 안의 교만함을 호통치시며 회개의 자리로 나오라는 하나님의 메시지 같다고 느꼈다. 그때부터 매일 부부가 같이 성경을 읽으면서 그 말씀을 통하여 우리는 회개하였고 위로를 받고 예수님을 인격적으로 만나게 되었다. 그것이 생명의 말씀인 것을 깨닫게 되었다.

교만했던 마음, 세상에서 내가 나의 지혜로 해결하려고 했던 것들을 내려놓게 하셨다. 그것은 나를 놓지 않고 계시는 하나님의 큰 은혜였다. 이것이 두 번째 태어남이었다. 어려움 속에서도 하나님께서는 소망을 품게 해주시고 생명을 주신다는 것을 체험했다.

그 청년의사의 얘기를 읽으면서 나를 비추어 보았다. 나는 지금까지 하나님 앞에서(Coram Deo) 죄를 많이 지은 인간이었다. 하나님의 낯을 피하여 아담처럼 숨어서 지냈다. 열두 살이나 젊은 그 후배 의사에게 부끄러움을 느끼게 되었다.

　존 스토트는 '나는 왜 그리스도인이 되었는가?'라는 책에서 그리스도인이 된 이유가 천국의 사냥개 때문이라는 비유를 들었다. 예수님을 영접하게 되는 것은 예수님이 나를 끝까지 포기하지 않고 찾아다니시기 때문이라는 것을 읽는 순간 나는 더 이상 피해갈 수 없다는 것과 하나님이 나를 얼마나 사랑하시는지 깨닫게 되었다. 직장 근처로 이사를 오면서 가까운 교회에 등록을 하고 주일 예배, 새벽기도, 수요예배, 금요철야 기도회에 빠짐없이 나가면서 놀라운 경험을 하기 시작했다.

　그러다가 그 선배가 아프리카에서 의과대학을 세우는 사업을 한다는 얘기를 듣고 어떤 이끌림이 생겨서 아프리카를 여러 번 방문하게 되었다. 아마도 성령님이 때를 맞추어서 나에게 말씀하시는 것 같은 느낌이었다.

　그즈음 그 선배가 장로로 섬기던 교회의 단기 봉사팀이 아프가니스탄에서 탈레반에게 납치되는 사건이 터졌다. 그 당시에 그 일을 수습하기 위하여 동분서주 애를 많이 쓰던 선배의 모습을 옆에서 지켜보았다. 큰 비난 여론이 일었지만 그 사건을 통하여 든 생각은 그 사람들이 왜 그곳에 가야 했으며 하나님의 계획은 어떤 것일까 하는 것이었다. 백오십여 년 전 우리 땅에서 기독교인들이 큰 박해를 받고 순교하였듯이 하나님께서 이 일을 통하여 이루고자 하시는 것이 있을 것이라는 생각이 들었다.

　어느 날 수요예배를 드리기 위해 교회로 오면서 마치 어렸을 때 학교를 마치고 어머니가 계신 따뜻한 아랫목이 있는 집으로 돌아가는 듯한 기분이 들었다. 그리고 그날 예배당에서 찬송을 하면서 '너는 내 아들이라' 하는 음성을 듣는 듯했다. 그렇게 마음이 푸근할 수가 없었다. 그 때 비로소 '아, 이런 것이 하나님의 사랑이구나. 어머니가 계신 집에 돌아가듯이 하나님과 만나는 것은 이렇게 좋은 것이구나'하는 것을 느낀 것 같다.

'진리를 알지니 진리가 너희를 자유롭게 하리라'고 (요 8:32) 예수님이 말씀하셨다. 나는 이제 진리를 알게 되었다. 자유롭게 되어 영생을 얻을 수 있다는 사실이 너무나 기쁘다.

청년 의사 안수현 선생은 제대를 꼭 4개월 남겨둔 날 유행성출혈열로 숨졌다. 제대 말년에는 떨어지는 낙엽도 조심해야 한다는 군대 속언이 있다. 그러나 그가 왜 유행성출혈열에 걸렸는지는 역설적으로 그가 병사들을 얼마나 사랑했는지 말해준다.

그가 군의관으로 근무했던 전방지역은 우리나라에서 유행성출혈열이 창궐하는 지역이다. 유행성출혈열은 한탄 바이러스에 감염된 들쥐의 배설물을 통해서 바이러스가 우리 몸에 전파되어서 콩팥을 파괴하는 무서운 병이다. 들쥐의 배설물에 바이러스가 섞여서 풀이나 흙에 붙어 있다가 사람들이 풀밭에 앉아 있거나 눕게 되면 바이러스가 우리 몸에 들어온다. 그래서 야외에서 활동할 때에는 풀밭에 앉는 것은 절대 금물이고 옷도 풀밭에 널어놓으면 안된다.

그는 내과 의사였다. 이런 사실을 누구보다도 더 잘 알고 있었을 것이다. 군의관은 야외 훈련을 나가면 앰뷸런스에 탄 채 편히 있다가 올 수도 있다. 그런데도 그는 풀밭에 앉아서 병사들과 점심도 같이 먹고 그들과 얘기하면서 인생의 선배로서 그들의 고민도 들어주고 예수 복음도 전하고 했을 것이다. 이것은 그가 낮은 자세로 섬기는 예수님의 삶을 몸으로 실천하였다는 것을 보여준다.

　의사 안수현은 젊은 나이에 하늘나라로 갔다. 허망한 것 같았지만 그의 사랑과 향기는 나에게까지 전해졌다. 그를 통해서 나처럼 회개하고 하나님께 나가기를 결심하는 사람이 생겨난다. 그의 죽음은 결코 헛된 것이 아니었다. 하나님은 그의 죽음을 통해서 더 큰 일을 역사하고 계신다는 것을 알게 된다. 하나님은 너무나 자비로우셔서 집 떠났던 탕자였던 나를 지금까지 지켜보고 안타까이 나를 기다리셨던 것이다. 주님이 내게 가장 좋은 것을 주시기 위해서 오래 참으며 나를 지켜보고 계셨음을 믿는다.

　하나님 안에서 생활하는 지금 삶의 균형을 생각하게 되었다. 하나님의 일과 세상의 일, 직장의 일과 교회의 일. 젊은 의사 안수현 선생이 고민했듯이 어느 것을 우선 순위에 두어야 하는지의 문제이다. 하나님의 일을 하다가 세상적인 것들을 놓치는 것이 있을 것이다. 좋은 보수의 기회, 더 높은 보직, 명예, 권력, 등등. 그러나 차라리 세상적인 그것들을 놓치는 것이 하나님의 일을 하지 않다가 나중에 하나님의 것들을 다 놓치고 나서 후회하는 것보다는 더 나을 것이라는 생각이 들어서 이제는 삶의 균형점을 어디에 두어야 하는지 확실해진 것 같다.

　신앙을 가지면서 가장 알고 싶은 것은 하나님의 뜻은 어떤 것인가 하나님께서 나에게 원하시는 것이 무엇인가 하는 것이었다. 신앙의 어린 아이와 같은 나는 아직은 그 사명의 내용이 무엇인지 분명하지 않다. 그러나 조급해 하지 않고 하나님의 뜻은 지금이 아니라도 내가 하는 일을 통하여 훗날에 언젠가 밝히 드러날 것이라 믿는다. 믿음은 바라는 것들의 실상이요 보이지 않는 것의 증거(히 11:1)라고 하나님은 말씀하신다. 그때를 기대하며 하나님께서 내게 주신 사명대로 남은 삶을 살고 천국에서 예수님을 뵐 때까지 순종할 것을 결심한다.

12

ANOTHER MISSION

명예퇴직

시간을 뜻하는 그리스어 단어는 두 가지가 있다고 한다. 크로노스의 시간과 카이로스의 시간이다. 크로노스란(chronos)란 흘러가는 대로 과거에서 현재를 거쳐서 미래로 지나가는 시간이고, 카이로스(kairos)란 결정적인 기회, 특별한 사건이 일어난 때, 기억할 만한 때를 말한다고 한다.

크리스천에게는 두 번의 카이로스가 있다. 첫 번째에는 예수를 만났을 때, 두 번째는 인생의 큰 전환점이 될 만한 사건이나 고난을 당했을 때 찾아오는 카이로스이다.

그럴 때 우리는 "왜?" "왜 하필 나에게?"라는 질문을 하면서 좌절한다. 그러나 이때가 하나님을 만날 수 있는 때이다.

나의 인생을 돌아보면 세 부분으로 나누어 볼 수 있다. 첫 번째는 청년의 소심함으로 살아온 30년과, 세속적인 성공을 우선 순위에 두고 성과 지향적인 삶을 살며 나름의 자만심으로 살아온 20년이었다. 일을 통하여 삶의 의미와 보람을 찾고, 명예를 얻고, 존재의 이유를 찾으려고 했다.

의사가 되었고, 또 의대 교수가 되어, 33년을 매진하였다. 진단방사선과 (지금은 영상의학과로 이름이 바뀌었다) 전문의가 되고 군의관으로 군복무를 마치고 나서 대학병원에서 핵의학이라는 분야에 발을 들여놓게 되었다. 대학을 졸업할 때의 희망은 대학에서 연구하고 학생을 가르치고 의사로서 학구적인 일을 하는 것이었다.

방사선과 중에 많은 분야가 있었지만 당시 핵의학이라는 것은 형태만 보면서 진단을 하는 기존의 방사선 검사에 비해서 기능을 영상으로 보여주는 것이어서 흥미가 끌렸다. 의대 교수로 발령을 받고, 이룰 수 있는 '최고의 나의 목표'를 향해서 지금까지 달려왔다. 일에서 이룩한 성취를 나의 정체성으로 생각하였다.

학술적으로 또는 연구로는 큰 두각을 나타내지 못하였지만 학회에서 인정도 받았고, 3개 병원에 핵의학과를 모두 본궤도에 올려놓았다. 독립된 교실을 창설하고, 후배 교수를 충원하였고, 전공의, 석·박사 제자들도 배출하였고, 핵의학과 과장과 주임교수를 하고 연구부원장까지, 여러가지 보직을 했으니 내가 가진 조그만 능력을 활용한 셈이고 나름 성공한 삶이라고 할 수 있다.

그러나 그런 것들은 내가 이루고 싶었던 일들 중의 일부이다. 사람은 '해야 하는 일'을 할 때보다는 '하고 싶은 일'을 할 때 더 행복하다. 그 일을 생각만 해도 생기가 돌고, 그 일을 하고 있으면 시간 가는 줄도 모르고 밤을 꼬박 새우는 그런 일들이 있다 인생의 후반전으로 접어들면서 진정으로 내가 원하는 것이 무엇인가에 대한 고민을 하게 되었다. 그러다가 내가 존경하는 선배가 아프리카에서 의과대학을 건립하는 일을 한다는 얘기를 듣고 흥미가 생겼고 그 생각을 마음속에 담아 두다가 2011년 아프리카에 처음 단기 선교 비전 트립을 가게 되었다.

아프리카를 가게 된 동기는 "내가 더운 물에 샤워하는 것조차 미안한 마음이 들었다"는 어느 분의 말씀처럼 예수님을 인격적으로 만나고 나서 하나님의 은혜에 빚진 것이 많다는 생각이 마음속에 자리 잡았다고 한다. 낙후된 아프리카에 대한 막연한 흥미, 복음에 빚진 자와도 같은 마음, 내가 가진 달란트를 나누어야 한다는 부담감, 내가 은퇴한 뒤에는 무엇을 하면서 살아야 할까, 어떻게 나이 들어야 할까 하는 생각 때문이었다. 이렇게 호기심으로 가게 된 아프리카에서 하나님을 깊이 만나게 되었다.

2015년 여름 어느 매우 더운 날 등산을 하고 나서 빙수를 먹었다. 좀 양이 많았었는지 먹고 나니 입안이 얼얼하고 감각이 약간 이상하다 싶었는데 다음날 자고 일어나니 갑자기 입이 벌어지지 않았다. 밥을 먹을 때에도 숟가락이 들어가지 않을 정도로 입을 벌릴 수 없었다. 악관절에 병이 난 것이다. 2년 전에는 누적된 과로와 무리한 체력 소모로 인하여 발병한 목 디스크로 인해 수술을 받았는데 그리고 나서도 일을 손에 놓지 못하는 스트레스가 많아서 발병한 것 같았다.

더욱 심각한 것은 입속에 가벼운 자극을 가하거나 심지어는 가만히 있다가도 내가 의도하지도 않고 조절할 수도 없는 근육 경련이 갑자기 일어나서 혀를 깨물고 입안을 깨물고 이가 서로 부딪혀서 이가 부러지는 것이었다. 입에 무엇을 넣는 것조차 두려웠다. 입을 다무는 근육들의 힘이 얼마나 센지 그때 처음 알게 되었다. 입을 열 수도 없고 씹을 수도 없으니 고운 죽만 작은 플라스틱 스푼으로 먹어야 했다. 그리고 무엇이든 입안으로 들어가면 갑자기 힘 조절이 되지 않는 경련이 일어나는 바람에 이가 부러지기도 했다. 거의 1년을 고생하면서 치과에서 악관절을 치료했다. 지금도 입이 완전히 벌어지지 않고 너무 차가운 얼음이나 아이스크림은 잘 먹지 못한다.

어느 정도 치료가 되고 나니 왜 하나님께서 이런 시련을 주시는가 생각했다. 여러가지 기반이 부족한 가운데에서 높은 목표를 위하여 애를 쓰다 보니 업무가 과도하고 번아웃이 된 것도 있다. 이제부터 아프리카 봉사라든가 하나님의 일을 찾아가려는 시점에서 걸맞은 지혜나 건강은 주시지 않으면서 뜻밖의 시련을 주시는 하나님을 원망하기도 했다. 그러면서 내가 쥐고 있는 것이 너무 많은 것이 아닌가 하는 생각도 했다. 그 일을 통해서 하나님의 주관하심을 뼈저리게 깨닫게 되었다.

하나님은 내가 건강에 아무런 문제가 없을 때에도 나의 일거수일투족을 붙잡고 계셨는데 나는 그것을 몰랐었다. 병이 나고 나서야 하나님의 붙잡음이 얼마나 고마운 것인지 알게 되었다. 마치 "주께서 내게서 눈을 돌이키지 아니하시며 내가 침을 삼킬 동안도 나를 놓지 아니하시기를 어느 때까지 하시리이까"[15]라는 고백처럼 평소에 아무렇지 않게 무시하고 지났던 순간들이 저절로 이루어진 것이 아니라는 것이 분명해졌다. 하나님은 내가 편안할 때나 고통 속에 있을 때나 나를 매 순간 붙들고 계신다. 건강할 때는 몰랐으나 아프고 난 다음에 하나님의 나를 붙잡는 손을 더욱 선명하게 느끼게 된다.

2017년 2월, 24년을 몸담고 있던 대학에서 명예퇴직을 하였다. 나

---

15 욥기 7:19

의 명예퇴직에 대하여 궁금해하는 사람, 놀라는 사람도 있었고, 잘한 결정이라고 격려를 해주는 사람도 있었다. 내가 왜 이 시점에서 교수로서 정년퇴직 때까지 잘 있다가 은퇴하는 길을 택하지 않고, 이렇게 빨리 나갈 결심을 하게 되었는지 생각해 본다.

첫 번째 이유는 인생에서의 성공이 반드시 학문적 성취의 도달이 아니어도 될 것 같다는 생각이 들었기 때문이다. 성공이란 내가 바라는 이상에 가까이 다가가는 것이라고 생각한다. 해야 하는 일과 하고 싶은 일을 모두 성취하는 것이 성공이라고 생각한다. 나는 지금까지 마르다처럼 살아왔다. 나는 나의 역할을 충성스럽게 수행하였다.

두 개의 길이 있을 때, 이 길도 가고 싶고, 저 길도 놓치고 싶지 않았다. 지금까지는 그게 가능했고, 의욕도 있었고, 건강도 있었다. 이제는 나의 능력으로는 정점에 서 있다. 이제는 후배들이 나의 그늘에서 벗어나 자유롭게 활약할 수 있는 길을 열어주어야 한다. 나의 도전적인 정열을 이제 다른 곳에 쏟으려고 한다. 깊고 좁은 분야에 관심을 가지는 것이 아닌, 좀 더 큰 그림을 보고 싶고, 그 그림을 그리는 사람이 되고 싶다.

두 번째 이유는 단순히 의사로서 사는 것보다 봉사와 교육, 행정이 접목된 다양한 경험을 또 다른 사역의 토대로 삼고 싶기 때문이다. 여러가지 기회들이 눈에 보였다. 그 기회에 도전하기 위해서 대학이라는 울타리를 넘어서 자유롭게 도전하고자 하였다.

세 번째는 자유롭게 도전적으로 살고 싶기 때문이다. 하루라도 젊을 때 새로운 것을 시도할 수 있기 때문이다. 아주 천천히 나를 잡아당기는 무언가를 느끼기 시작했고 그 매력에 끌렸다고도 할 수 있다. 이렇게 인생의 후반기에 내가 하고 싶은 일이 생겼다.

그 하나는 아프리카에서 의료 선교, 전문적인 직업인으로서의 의료 선교다. 아프리카에 세워지고 있는 선교병원과 의대가 잘 운영되도록 도와주는 일이다. 지금 우리나라 병원들이 많이 해외로 나가고 있는데 해외 경험을 쌓은 의료 분야의 전문가가 아직 부족한 상태이다. 국제 협력 분야에서 나를 필요로 하는 분야에 도전해 봤으면 한다.

아프리카에서 하나님을 만나고 하나님이 나를 사랑하신다는 확신을 가지게 되었고, '내가 누구인가, 내가 할 일은 무엇인가, 인생의 목적은 무엇인가' 하는, 나의 정체성을 생각하게 되었다. 내가 하고 싶었으나 하지 못했던 것, 더 이상 나이가 들기 전에 해보았으면 하고 꿈꿔왔던 것들을 생각하게 되었다.

은퇴한 이후에도 그런 일을 할 기회가 올 수 있지만, 새로운 일에 도전하기 위해서는 하루라도 더 젊어야만 용기 있게 시도할 수 있을 것 같다. 철없는 짓이라고 하겠지만 지금이 아니면 도전할 수 없을것만 같았다.

지금 하나님께서 내 앞에 두 개의 길을 보여주신다. 한 길은 끝이 보이는 익숙한 길이다. 의과대학 교수로 정년이 보장되었으니 여유롭게 정년퇴직이라는 영광을 얻을 수 있다. 안정된 재취업의 기회도 더 많을 것이고 경제적으로도 여유가 있을 것이다.

다른 길은 새로운 길이고 아직 덤불 속에 가려져 끝이 보이지 않는 길이다. 사람이 많이 가지 않았고, 어려움이 뻔히 보이고, 보상이 불확실한 길이다. 건강과 질병에 대한 두려움, 재정에 대한 두려움, 세상적인 연결의 단절에 대한 두려움이 있다.

그러나 새로운 길은 매력적인 세계이다. 어떤 때에는 피하고 싶은 때도 있다. 안락한 삶, 안전한 삶을 포기할 수 없어서 외면할 수도 있지만, 그래도 조금씩 미루다 보면 언젠가는 하고 싶어도 더 이상 할 수 없는 때가 올 것이다.

인생의 후반전에는 하나님과의 관계가 중심이 되고 의미 지향적인 삶을 살아야 한다고 생각한다. 내가 살아온 것을 돌아본다. 하나님의 인도하심은 항상 행복하거나 즐거운 것은 아니다. 만약 내가 지금까지 주님을 만나지 않았더라면 오직 세상적인 영광으로 만족하는 삶을 살았을 것이다. 내가 예수님을 만나지 않았더라면 이렇게 고민하는 복잡한 일은 생기지 않았을 것이다.

나의 인생을 주관하시는 하나님의 손이 느껴진다. 그것은 강물과도 같아서 두렵지만 거스를 수 없다. 모세가 다섯 번이나 하나님의 명령을 거부하였듯이 나도 하나님의 인도하심을 계속 거부하였다. 모세가 거부한 이유는 자신이 연약하고 감당할 수 없다는 것을 알았기 때문이다. 그러나 부족한 모세를 이끌어 가시는 것이 하나님이듯이 나도 하나님이 이끄실 것이다.

지금까지의 여러 사건을 통하여 길을 보여주시고, 그것들을 통하여 지금의 내가 만들어져 가고 있는 상황이라면, 그것은 내가 그렇게 살 수밖에 없다는 것을 의미한다. 하나님은 나를 끝까지 포기하지 않으셨고 내버려두지 않으셨고 여기까지 오게 하셨다. 그리고 나를 부르시고 보내시려고 한다.

영적으로 방황했던 젊음에 대해서 생각한다. 아브라함은 75세에 고향과 친척을 떠났다. 하나님이 지금 나를 부르신 것은 지금이 가장 적당한 때이기 때문일지도 모른다. 나이가 문제 되지 않는다. 더 늦기 전에 익숙한 이곳을 떠나서 앞으로 20년도 남지 않은 인생에서 가치 있는 일을 하기 위해서 시간이 별로 없다.

나는 새해의 문을 지키고 선 사내에게 말했다.[16]

"내게 등불을 주시오. 그러면 모르는 길도 내가 안전하게 갈 수 있으리다."

그가 대답했다.

"어둠 속으로 들어가시오. 그리고 하나님의 손을 잡으시오. 그편이 등불보다 낫고

아는 길보다 안전할 것이오."

And I said to the man who stood at the gate of the year:

"Give me a light that I may tread safely into the unknown."

And he replied:

"Go out into the darkness and put your hand into the Hand of God.

That shall be to you better than light and safer than a known way."

---

16 ['The Gate of the Year' Minnie Louise Haskins (1875-1957)] 로제타 홀의 아들인 셔우드 홀 선교사가 1940년 11월 일제의 박해로 조선에서 추방되면서 부산항을 떠나면서 인용했던 시. [닥터 셔우드 홀 지음, 김동열 옮김, 닥터 홀의 조선회상, 좋은씨앗, 2003]

ANOTHER MISSION
어나더 미션

PART. 2
말라위

1
ANOTHER MISSION

말라위에서 살기, 밭에 감추인 보화

천국은 마치 밭에 감추인 보화와 같으니 사람이 이를 발견한 후 숨겨 두고 기뻐하며
돌아가서 자기의 소유를 다 팔아 그 밭을 사느니라 (마 13:44)

　2017년 3월 29일, 우리 부부는 24시간의 긴 여정 끝에 말라위 리롱궤에 도착하였다. 이때는 우기가 끝나가는 때라서 처음 일주일 동안 매일 비가 왔지만 그 후로는 비가 오지 않아 매우 쾌적한 날씨가 계속되었다. 물론 낮에는 햇볕이 따갑지만 그늘에만 들어가면 서늘하고 바람도 불어서 우리나라 가을 날씨를 생각나게 하였다.
　말라위의 아침은 매일 지평선과 맞닿아 있는 하늘을 주홍빛으로 물들이고 빽빽한 검은 구름이 보이는 일출로 시작한다. 검은 구름과 땅은 그 경계가 어디인지 구별이 되지 않는다. 검붉은 주홍, 연한 주황, 회색, 붉은 회색의 하늘이 새벽마다 반복된다. 매일 아침 하나님의 놀라운 창조의 결과와 우주를 운행하시는 신실하신 섭리를 눈앞에서 체험한다. 한국에 있을 때에는 미세먼지 때문에 하늘을 잘 볼 수 없었는

데 이곳 말라위의 푸른 하늘, 구름 한 점 없는 하늘이 오히려 태양을 피하게 만든다. 장엄한 일출과 맑은 하늘은 우리나라에서는 볼 수 없었던 특이한 경험이다.

깨끗한 공기와 적당한 습도는 기존에 가지고 있던 여러가지 심신의 연약함이나 불편함도 잊게 되고 건강하게 되는 것 같다. 물론 목 디스크는 계속 성가시게 군다. 한 손의 힘이 빠지고 다리가 저리고 힘이 빠지는 신경학적 증상도 약간 있다. 선교지에 오면 번잡스러운 한국으로부터 떠남으로써 모든 것이 평안해지고 운동도 하면서 몸을 건강하게 유지할 수 있으리라고 생각했지만 생각처럼 녹록하지는 않았다.

하루에 한 번 이상 정전이 되기는 하지만 우리의 정착을 위하여 많은 분들이 물심양면으로 도와주셔서 잘 적응하게 되었다. 릴롱궤는 도시 지역이기 때문에 시내에 나가면 생필품을 사는데 별로 불편이 없고 물가도 싸고 믿을만한 상품들이 있어서 안심이 되었다.

말라위 릴롱궤에 한국의 간호사 선교사가 한국 독지가의 후원으로 세운 대양누가병원은 말라위의 가난하고 아픈 사람들에게 양질의 치료를 제공하고 있는 선교병원이다. 이제는 간호대와 의대를 세워서 말라위의 부족한 의료인력을 양성하고 의학 발전을 위해서 헌신하고 있다. 숙련된 의료진이 부족하고 시설과 인프라가 부족하고 의료 장비, 진료 재료, 그리고 약품의 부족으로 인하여 어렵지만 이곳 말라위 의사들의 환자들에 대한 사랑과 최선의 치료를 위하여 들이는 노고는 참으로 눈물겹다. 이곳에서 벌어지고 있는 병원과 학교 사역과 거기에 동참하고 있는 관계자들과 현지인 직원들과 봉사자들을 볼 때 이곳에서 하나님께서 하시는 일이 기대가 되고 감격스럽다.

가족 중 환자가 생겨서 입원하면 온가족이 간병을 해야 하는 것은 어디나 별반 다르지 않다. 그러나 여기서의 간병은 환자의 모든 일상 생활을 뒷바라지하는 것이다. 환자의 옷을 빠는 것, 삼시 세끼 식사를 만들고 거두는 것이 모두 가족의 일이다. 병실 밖에는 환자들의 옷을 빨아서 줄줄이 널어놓고 있고, 식사 때가 되면 불을 피우기 위한 마른 나뭇가지 한 움큼과 옥수수 가루와 냄비를 가지고 줄을 서서 들어오는 보호자들을 흔히 볼 수 있다.

말라위 의사면허와 방사선과 전문의 등록을 했다. 임상 경험이 없는 외국의 의대졸업 자에게는 1년 정도의 인턴 과정을 거치게 하지만 임상경력이 있고 전문의 자격이 있는 외국 의사는 국립중앙병원에서 지도 전문의의 감독하에 훈련과정을 거치면 말라위 의학평의회(Malawi Medical Council)에 등록을 할 수 있다. 이 기간이 끝나면 의사로서 등록하고 이 나라에서 진료를 할 수 있는 면허를 받게 된다. 이 나라는 의료 인력이 부족해서인지 외국 의사에게 환자를 진료할 수 있는 면허를 비교적 쉽게 발급해준다. 등록을 하면 환자를 진료할 수 있는 허가가 주어지는 데 한국의 의사 면허와 전문의 등록이라 할 수 있다.

국립 카무주 중앙병원에서 오리엔테이션 과정을 시작하였다. 이곳에서는 많은 외국 에서 온 의사들이 봉사자로서 활동하고 있고 현지 의사들과 어울려서 환자 치료에 참여하는 글로벌한 분위기를 만들고 있다. 6주간의 오리엔테이션이 끝나고 수퍼바이저인 방사선과 과장의 레터를 가지고 말라위 의학평의회에 면허 등록을 하였다. 거의 1,000달러를 등록비로 요구하였다. 외국인에게는 내국인의 거의 다섯 배나 되는 등록비를 받았다.

주일에는 병원 교회에서 예배를 드렸다. 병원 교회에는 주변의 마을 주민들이 오는데 성인이 약 300명 정도 같이 예배를 드린다. 우리를 신기한 듯 쳐다보는 낯선 사람들 가운데에서 예배를 드렸다. 비록 말은 잘 알아듣지 못하지만 하나님을 찬양하는 이들의 뜨거움은 놀랍다. 병원 교회를 담임하고 있는 현지 목사님은 한국에 유학 와서 부산의 고신대에서 수학하였던 분으로 한국에 대한 이해가 매우 높은 분이다. 주일날에는 아이들을 위하여 선데이 스쿨을 운영하고 있는데, 약 500명 정도의 아이들이 주변 마을에서 온다. 4-5km 떨어져 있는 마을에서 오는 아이들도 있다. 이들과 같이 드리는 예배는 큰 은혜가 있었다.

아내는 이곳의 현지 교회에서 선데이 스쿨의 교사들을 도와주고 양육하는 프로그램에 참여하여 교사 청년들을 돌보는 일을 하였다. 천진난만한 아이들의 눈망울을 보면 여기가 천국이라는 생각이 든다. 마치 밭에 감추어져 있는 보화를 발견한 사람처럼 기쁨으로 보게 되는 것 같다. 이들을 통하여 하나님의 나라를 볼 수 있는 눈을 뜨게 해주시기를 기도하였고, 계속적으로 하나님께서 우리에게 주실 은혜를 기대하였다.

의사면허 등록을 하고 장기 체류를 위하여 임시 취업 허가 비자를 이민국에 신청하였다. 운전 면허를 받기 위하여 교통관리국(Transportation Authority)에 가서 한국에서 받은 운전면허 서류를 첨부하여 운전면허를 신청하였다. 한국의 경찰서에서 발급한 운전면허증명서를 보여주니 서류를 검토하는 공무원이 왜 발행 책임자의 서명이 없냐고 문제를 제기한다.

이 사람들은 한국의 직인 문화를 이해하지 못한다. 이들의 공문서 문화는 영국식이라서 반드시 직접 서명이 필요하고 서명 위에 스탬프를 찍는다. 발행자의 책임을 확실히 하는 데는 서명이 더 바람직한 방법 같다. 그러나 서명은 반드시 당사자가 해야 하기 때문에 책임자가 자리를 비우면 서류 발급이 마냥 늦어질 수 있는 단점이 있다.

여기는 하나라도 하루에 완벽히 해결되는 일이 없었다. 공무원들의 업무 처리 속도가 한국 사람의 기준에서는 많이 느렸다. 기본적으로 이틀 이상을 꼬박 찾아가서 일을 처리해야 했고, 아니면 1-2주를 쫓아 다녀야 했다.

정확히 그 일을 담당하는 담당자가 누구인지 알기도 어려웠고 찾아가도 출장이라며 자리에 없기가 일쑤였다. 막판에 가서는 말라리아에 걸렸다고 근 일주일을 출근하지 않고 자리를 비우기도 했다. 이들은 급한 것이 없다. 일의 진행이 안되어서 재촉을 하면 걱정하지 말고 '마와'라고 한다. '마와'는 내일이라는 뜻이다. 오늘 할 수 없으면 내일 하자는 것이 이들의 느긋한 태도이다.

그렇게 임시 취업 허가는 내가 말라위를 떠날 때까지 받을 수 없었다.

2

ANOTHER MISSION

영상 검사

    병원 캠퍼스에는 병원과 간호대, 공대가 자리잡고 있어서 학생들과 병원 직원, 환자가족들이 서로 뒤섞여 있는 활기찬 모습을 보이고 있다. 초음파 검사, 엑스레이 판독을 하고 병원 의사들을 상대로 최신 의학지식에 대한 강의와 실무 교육을 진행하였다.

    매주 목요일 업무 시작 전에 병원의 의료진을 상대로 영상의학에 대한 강의를 준비하였다. 첫 강의 날이었다. 아침 7시30분에 아침 컨퍼런스를 위하여 30명 정도의 직원들이 모여 있었다. 빔프로젝터를 준비하고 강의를 시작하였는데 5분 정도 지나자 정전이 되었다. 병원도 정전이 되는 난감한 상황이었다. 병원에서 자체 발전기를 돌려서 곧 전기가 들어오기는 하였으나 강의실에는 계속 전기가 들어오지 않았다. 결국은 강의는 중단되었고 영상의학과로 내려가서 업무를 시작하였다.

    그런데 아래층의 과에는 전기가 들어오는 것이었다. 자체 발전을 해도 한정된 전력을 사용하는 것이니 병원이 돌아가는 데 꼭 필요한 부서에만 전기가 공급되고 사무 공간에는 전기가 공급되지 않는 고육책을 쓰고 있었다. 그 후에는 비교적 전기 사정이 좋아져서 계획했던 6번의 강의를 다 할 수 있었다.

　말라위 의사들과 외국에서 방문한 의사 간호사 봉사자들과 현장에서 같이 일하면서 알게 된 것은 조그만 도움이라도 여기에서는 큰 효과가 있다는 것이었다. 그중에서도 초음파와 CT 같은 영상 검사는 진단 시간을 단축하여 신속히 치료 방침을 결정하는 데 중요하다. 내가 있는 동안에 병원의 CT가 고장이 나 있는 상태라 활용할 수 없어서 아쉬웠다. CT가 있으면 좋았겠으나 없더라도 해상도 좋은 초음파 장비와 훈련된 의사만 있으면 웬만한 내부장기에 대한 검사가 가능하다.

　병원 근무를 시작한 지 한 달쯤 지날 때 응급실로 환자가 입원하였다. 전날 지붕에 올라갔다가 떨어졌다고 한다. 왼쪽 옆구리로 떨어졌다고 하는데 배가 불러 있고 배를 촉진하니 매우 단단하고 몹시 아파하였다. 특히 왼쪽 옆구리를 만질 때 참을 수 없는 고통을 호소하였다. 응급으로 초음파를 하였다.

　복강 안에 액체가 광범위하게 차 있고 골반강 안에는 부유물이 떠다니는 것이 보였다. 아마도 혈종이 복강 내에 있는 것으로 생각되었다. 왼쪽 비장을 보니 비장 내부가 손상된 것이 보였다. 늑골 골절과 비장 파열을 의심하였다. 사고가 난 지 하루 정도가 지났는데 출혈이 계속 있는 것으로 생각되었다. 엑스레이를 찍게 하였다. 왼쪽 하부 늑골에 골절이 희미하게 보였다. 다행히 병원장을 맡고 있던 외과 의사가 바로 수술을 들어가서 비장을 제거함으로써 출혈을 잡을 수 있었다. 수술 후 외과 의사가 정확한 진단을 빨리해 주어 환자를 살리는데 큰 도움이 되었다고 말해 주었다.

　한국에서 기증받은 15년도 넘은 낡은 초음파 장비로 고군분투하는 의료진을 보면서 새로운 좋은 장비가 있었으면 하는 기도를 하였는데, 내가 출석하는 교회의 집사님께서 자신의 병원에서 사용하던 고가의 초음파 장비를 선뜻 기증하여 주셔서 말라위 대양누가병원에 보낼 수 있었다. 간절한 기도에 하나님이 응답하신 것이다. 이 장비는 최신 기능을 갖춘 장비로 말라위에서 탁월한 성능을 보여주었다. 또 의료 선교협회에서 기증한 포터블 초음파 장비를 오랫동안 간호사 선교사와 동역하고 있는 미국에서 온 의료 선교사인 산부인과 의사에게 전달하였다. 좋은 장비로 정확하게 진단하여 말라위 환자들의 생명을 살리는 데 많은 도움이 되기를 기도한다.

　또 감사한 것은 내가 말라위로 의료 선교를 간다고 하자 동문 선배가 소식을 듣고 선뜻 후원을 해주셨고 덕분에 현지의 방사선사를 한국으로 초청하여 고대안암병원에서 교육 훈련을 시킬 수 있었다. 현지의 니즈와 한국의 역량을 연결할 방안을 마련하여 말라위 의료진의 역량을 높여서 많은 환자들이 제때 좋은 치료를 받을 수 있도록 하는 것이 나에게 주어진 역할이라고 생각한다.

3

ANOTHER MISSION

병원 진료 단상(斷想)

병원에서 진료를 시작하고 나서 보니 원인을 찾을 수 없는 아픈 환자들이 너무 많이 오고 있다. 특히 많은 젊은 에이즈 환자들이 여러 합병증으로 오는 것이 안타까웠다.

42살 된 남자 환자를 검사하였다. 복강과 흉강에 물이 차 있고 간과 비장이 커져 있었다. 담당 의사의 말로는 후천성면역결핍증 (AIDS) 환자이고 치료제(ART)에 부작용이 생겨서 신부전증이 왔을 것이라고 한다. 콩팥 기능이 망가져 있고 복강과 흉강에 물이 많이 차 있었다. 검사를 해서 소견을 알아도 별로 해 줄 것이 없다. 이곳 의사들도 이런 환자는 거의 포기하는 분위기이다. 결국 이 환자는 제대로 된 치료를 받지 못하고 며칠 후 세상을 떴다.

초음파실에서 검사를 하고 있는데 말라위 의사가 찾아왔다. 다리에 괴저(gangrene)가 생긴 환자가 있는데 다리를 절단해야 한다고 한다. 그러면서 절단 부위를 정해야 하니 대동맥과 장골동맥과 다리의 대퇴동

맥의 상태를 알고 싶다고 한다. 장비를 끌고 병실로 갔다.

47살 밖에 안 된, 우리나라 같으면 젊은 나이의 여자였다. 에이즈 환자였고 치료제(ART) 부작용인 것 같다고 하였다. 환자의 상황은 말이 아니었다. 양쪽 다리는 괴사가 되어 까맣게 썩어가고 있었고 군데군데 피부에는 궤양이 생겨서 피와 고름이 흐르고 있었다. 환자의 몸에서 나는 악취가 코를 찔렀다. 그러나 같은 병실을 쓰는 사람들은 무덤덤하다.

감염을 방지하기 위해서 장갑을 두 개나 끼고 초음파 프로브도 장갑으로 감쌌다. 배를 검사하려고 하는데 환자가 매우 괴로워한다. 똑바로 눕지도 못해서 비스듬이 누워 있어 검사하기가 매우 어려웠다. 환자 옆에는 아들과 딸인지 젊은 사람들이 거들고 있었다. 해상도도 좋지 않은 장비로 한참을 보니 눈이 침침해지고 머리도 아픈 데다가 냄새까지 뒤범벅이 되어서 숨쉬기가 힘들었다.

혈관의 혈류 흐름을 봐야 정확한 혈관 상태에 대한 진단이 나오는데 도플러 장비가 없어서 혈류 흐름을 볼 수 없었다. 할 수 없이 형태만 볼 수밖에 없었다. 대동맥과 양쪽 장골동맥이 온전한 굵기이고 혈관 내부에 막힌 부분이 없다는 것을 확인하고 그렇게 판독 소견을 주었다. 하지 절단은 환자에게는 장애를 남기는 것이지만 당장의 생명을 살릴 수 있는 유일한 방법이다. 하지 절단이 잘 되어 병이 더 이상 진행되지 않기를 기도하였다.

포터블 초음파 검사 요청이 와서 소아병동으로 갔다. 1개월 된 아이였다. 몸무게가 1kg도 나가지 않을 것 같은 영양실조와 기아 선상이 있을 정도의 아이였다. 옆에 있는 초음파를 의뢰한 담당 의사에게 환자에 대해서 물었다. 그런데 그 의사는 내가 물어보면 내 질문에 그때마다 환자의 엄마에게 질문을 하였다. 의사조차도 자기 환자의 병력에 대해서 파악을 하지 못하고 있는 것 같았다. 가용한 모든 정보를 이용하여 진단을 해보려는 노력은 보이지 않고 그저 초음파 검사가 어떤 답을 줄 것 같다는 기대를 하는 듯한 인상을 받았다.

전날 폐의 늑막삼출(pleural effusion)과 기관지 폐쇄(bronchial obstruction)가 있는 환자의 CT를 물어보러 온 의사에게서도 비슷한 인상을 받았다. 내가 기관지 폐쇄가 있으니 암이나 결핵 같은 감염병의 가능성이 있다고 하자 그 의사는 산소포화도가 떨어진 이유가 그것 때문이냐며 도리어 나에게 묻는다. 약간은 황당한 질문이었다. 현재 환자의 중요한 문제가 기관지 폐쇄이고 그것 때문에 모든 문제가 발생하였고 그것을 해결하기 위한 조치를 강구해야 한다. 기관지 폐쇄가 있으면 당연히 호흡곤란이 오고 산소포화도가 떨어지는 것인데 그런 기본적인 의학지식이 없는 것인지 학생 때 배워야 할 생리학을 나한테 묻는 것이었다.

오늘 병실에 가서 본 어떤 환자는 시골 지역의 헬스센터에서 진료를 의뢰한, 숨이 차고 몸이 붓는 여섯 살 소아 환자였다. 초음파를 하니 복수가 차 있고 심장 삼출액이 있으면서 심장이 커져 있다. 승모판이 두꺼워져 있고 심장 판막에 흰 덩어리 음영이 붙어 있는 것이 보였다. 콩팥은 커져 있고 음영증가를 보여서 급성 신신질 이상을 진단하였다. 아마도 감염성 심내막염과 감염성 급성사구체신염이 의심되었다.

그런데 병원에 입원한 지 며칠이 되어가는데도 아직도 크레아티닌과 같은 콩팥 기능에 관한 검사결과가 나와 있지 않았다. 무슨 검사가 되어 있냐고 물으면 그저 검사 결과를 기다리고 있다고 한다. 검사 오더를 했는데도 검사가 안 된 것인지, 아니면 어떤 검사를 해야 할지를 모르는 것인지 판단이 되지 않았다.

초음파 검사를 하여 이런저런 소견과 가능성 있는 진단명을 제시하였다. 내가 제시한 병명에 대해서 잘 이해하였는지도 모르겠고 치료법을 알고 있는지 더더욱 알기 어려웠다. 내가 내과나 소아과 의사가 아니라서 더 이상 적절한 치료에 대해서 조언할 수 없었던 것이 아쉬웠다.

또 다른 여섯 살 소아의 초음파 검사를 했다. 소아인데도 고혈압이 있어서 입원한 아이다. 왼쪽 신장은 정상이었는데 오른쪽 신장이 매우 작아져 있었다. 이 경우 드물지만 신장혈관이 좁아져서 생기는 신장혈관협착 (RAS)일 가능성이 높다. 보통 콩팥의 실질의 병으로 생기는 고혈압은 양쪽 콩팥을 다 침범하는 경우가 많은데 이 경우에는 한쪽 콩팥에만 이상이 있어서 잘 맞지 않았다. 복수가 있었고 또 하나 눈에 띄는 소견은 담낭 안에 부유물이 떠다니는 것이었다. 결론은 무결석 급성 담낭염, 신장혈관 협착으로 인한 우측 콩팥 발육부전, 복수 이렇게 소견을 주었다. 신장 혈관 협착을 진단하려면 혈관 촬영을 해야 하지만 여기서는 시설 장비와 인력이 없으니 방법이 없다. 이 병원은 모든 검사나 처치는 무료이지만 예산의 뒷받침이 되지 않으니 사실 아무것도 해줄 수 없다. 답은 못 주고 문제만 더 많이 준 것 같았다.

4
ANOTHER MISSION

말라위 의료인의 교육 훈련

　말라위에는 의과대학이 하나밖에 없다. 1991년에 설립된 국립 말라위 대학의 의대가 이 나라 유일의 의과대학이다. 이제 30년이 되어서 1세대 졸업생들이 국립중앙병원 병원장, 보건부 차관 등 말라위의 국민 보건과 의학발전을 위해서 힘쓰고 있다.

　사하라 남부 국가들의 의료 시스템은 정책의 중심이 전염성 질환과 모자보건에 대해 서 집중되어 있으나 점차 비전염성질환과 암이나 심뇌혈관 질환, 당뇨병 같은 만성질환에 대한 질병부담이 증가하고 있어서 이들 분야에 대한 수요가 늘고 있다. 배출되는 의료인력은 일차 의료에 집중되고 있어서 복잡한 질환을 치료하고 관리하고 교육하는 전문가(specialist)의 필요성이 증가하고 있다. 일차 진료는 많은 부분 3년제 학교를 나온 클리니컬 오피서(clinical officer)가 진료를 담당하고 있다. 경험이 많은 클리니컬 오피서들은 나름대로 일차 진료에 대한 능력과 기술은 갖추고 있으나 전문성이나 학술적 뒷받침은 많이 부족하다.

말라위는 독립 후 초창기에는 졸업생들을 국비로 해외로 유학을 보내서 전문의 과정을 훈련시켰으나 최근에는 예산 부족으로 프로그램이 많이 축소되어서 후속 세대에 대한 전문분야 교육이 원활하지 않다. 말라위 국내에서 졸업 후 전문분야 즉, 스페셜리스트(한국의 전문의에 해당) 훈련과정은 내과, 외과, 산부인과의 일부만 시행되고 있어서 난이도 높은 진료를 할 수 있는 전문의가 많이 부족하다.

또 다른 교육 방법은 남부 아프리카 국가들의 의학 협의체인 College of East, Central, and Southern African Surgeons (COSECSA)에서 주관하는 프로그램에 들어가는 방법이 있다. 일종의 학위 과정과 비슷한데 이 프로그램을 제공하는 의료기관이나 대학은 모두 말라위 밖에 있는 케냐, 남아공, 탄자니아 등 좀 더 발전된 나라들에 있어서 지원자는 외국으로 유학을 가야만 한다.

이 프로그램에 들어가기 위해서는 등록금 또는 훈련비와 생활비가 필요한데 이 재원은 국가 또는 근무하는 병원, 사회단체에서 지원을 받아야 한다. 그런 지원이 없으면 본인이 지출을 해야만 한다.[1]

---

1 Zohray Talib, et al. Postgraduate Medical Education in Sub-Saharan Africa: A Scoping Review Spanning 26 Years and Lessons Learned J Grad Med Educ. 2019 Aug; 11(4 Suppl): 34-46.doi: 10.4300/JGME-D-19-00170 PMCID: PMC6697307 PMID: 31428258

말라위 의사나 간호사 의료 기사들은 남아공, 케냐, 에티오피아, 탄자니아, 우간다, 심지어는 이집트까지 가서 훈련을 받는다. 그만큼 말라위는 학문적 토대가 확고하지 않고 교육훈련 인프라가 없어서 이런 부분의 준비가 더 필요할 것으로 생각된다. 영상의학과에서도 의사와 의료기사들이 이런 프로그램을 찾으려는 노력들을 많이 한다. 국비장학생의 기회는 좀처럼 오지 않고 그렇다고 자신이 학비를 마련할 만큼 경제적으로 넉넉하지 않으므로 항상 외국이나 후원자의 후원을 기대하고 있는 현실이다.

여기서 만난 젊은 의사, 클리니컬 오피서, 의료기사, 간호사들은 더 많은 배움에 목말라 있다. 에드워드라는 젊은 의사를 만났다. 그는 몇 년 전에 대양병원에서 외과 의사의 지도 아래 일을 했다고 한다. 외과를 전공하기 위해서 훈련을 받기를 원했는데 지금은 지도해줄 의사가 더 이상 병원에 없어서 떠났다고 했다.

국립병원인 카무주 중앙병원에는 마땅한 외과 훈련 프로그램이 없어서 지금은 종양학과 공중보건을 전공하고 있다고 하였다. 종양학과 공중보건의학을 전공하는 이유는 그나마 이들 프로그램이 외국 단체와 외국 대학이 운영하고 있어서 연구의 틀과 연구비가 확보되어 있어서

훈련을 받을 수 있기 때문이라고 하였다.

배움 자체 보다 그 배움을 통하여 얻는 자격이 이들에게는 더 관심사였고 더 중요한 것 같다. 왜냐하면 이 자격을 통하여 그들은 승진할 수 있고, 보수가 더 많은 자리로 이직할 기회를 잡을 수 있기 때문이다. 이렇게 훈련받은 사람들은 공무원으로 일을 하거나 유엔이나 외국 NGO에서 일하는 것이 이들의 가장 큰 희망이다. 보수가 많기 때문이다. 나아가서는 보수와 생활 환경이 좋은 외국으로 취업을 해서 나갈 수도 있다. 결국은 금전적인 보상이 사람들을 움직이는 가장 좋은 수단이다. 이렇게 빠져나간 인력들로 인하여 의료현장에서 환자를 진료할 수 있는 의료진의 숫자가 더 줄어드는 악순환이 이어진다.

여기서 만나는 말라위 의료인들은 나에게 한국에서 공부를 할 수 있는 길이 있는지 자주 물어보곤 했다. 한국에서도 이들의 교육훈련에 대한 관심이 많아지고 지원하는 프로그램이 많아지고 있는 것은 고무적이다. 한국의 병원들과 이곳 의료진들을 연결하여 교육훈련의 기회를 제공하면 이들에게는 많은 도움이 될 것이다. 단기간의 교육 훈련에 비해서 6개월 이상의 장기간의 교육훈련이 일관성이 있어서 효과적일 것으로 생각된다.

5
ANOTHER MISSION

카무주 중앙병원

말라위의 수도 릴롱궤에는 국립병원인 카무주 중앙병원이 있다. 카무주(Kamuzu)는 이 나라 초대 대통령인 헤이스팅스 카무주 반다의 이름에서 따왔다. 이 병원은 말라위 전국에 있는 4개의 최종 전원병원(tertiary referral hospital) 가운데 하나로 중부지역을 담당하는 병원이다. 남부의 블랜타이어에는 이 나라 유일의 의과대학과 부속병원의 역할을 하는 퀸엘리자베스 병원이 있고, 좀바에는 좀바 중앙병원, 북부의 무주주에는 무주주 중앙병원이 있다. 이들 중 퀸엘리자베스 병원이 가장 규모도 크고 수준이 높고 그다음이 중부에 있는 카무주 중앙병원이다.

지역 보건소나 지역병원에서 치료할 수 없는 환자들은 마지막으로 카무주 중앙병원으로 온다. 그러다 보니 죽음 직전까지 온 심각한 환자들이 많고 대부분 병을 키워서 늦게 오는 경우가 많다. 어떤 환자는 사고를 당하여 여러 장기가 손상된 심각한 외상으로 오기도 하고, 어떤 환자는 에이즈 같은 만성화된 감염병의 합병증으로 인하여 결핵이

나 심장병이나 만성콩팥병이 동반되어서 오기도 한다.

　10대와 20대의 젊은 환자들이 어렸을 때 앓은 병이 만성화되어서 여러 장기가 망가져 있고 복수가 가득 차서 오는 모습을 보는 것이 안타깝다. 암을 가진 환자들도 병이 많이 진행된 후에 수술로 제거할 수 없을 정도까지 되어서 병원에 오는 것을 많이 본다.

　중앙병원의 의료진의 구성은 전문의에 해당하는 스페셜리스트가 있고, 인턴과 클리니컬 오피서들이 뒤섞여서 진료를 담당한다. 전공의는 대부분의 과에서는 없고 입원 환자를 담당하는 병원 내 의사(하우스 오피서)들은 클리니컬 오피서들이 채우고 있다. 이들이 환자를 보는 열심은 우리와 별반 다르지 않다. 그러나 정확한 진단이 되지 않고 진단이 되어도 치료 방법이 없는 경우가 많아서 좌절한다.

　이 병원은 이 나라에서 가장 큰 종합병원인데도 병원이 기본적으로 갖추어야 할 체계적인 진료 시스템이 갖춰져 있지 않다. 의무기록의 전산화가 안되어 있는 것은 물론이고 누가 환자를 책임지고 담당해야 하는가에 대한 책임소재와 절차가 미비하다. 누가 치료를 책임지고 담당해야 하는가에 대한 프로토콜이 없다.

　응급실에 환자가 오면 어느 과로 보내야 하는지 어떤 검사가 필요한지도 잘 모르고 설사 입원이 된다 하더라도 어떤 검사가 시행되었고 그 결과가 무엇인지 확인하는 사람도 없다.

　교통사고로 다발성 외상과 골절이 있으면 뇌에 출혈이 있든지 상관없이 정형외과로 보내고 그 후에는 아무도 거기에 대해서 봐주는 사람이 없는 경우를 자주 본다. 필요한 검사의 종류를 오더하는 사람도 없고, 그 오더를 전달하는 병원 직원도 없다. 환자와 보호자 보고 여기저기 다니면서 엑스레이도 찍고 검사도 하고 여기저기 찾아다니면서 결과를 받아오라고 한다. 환자에 대한 책임을 지는 시스템이 없고 환자가 누구를 찾아야 하는지 몰라서 모든 것을 자신이 직접 해야 한다. 이러다 보니 환자가 중간에 어디로 갈지 몰라서 공중에 붕(?) 뜨는 경우가 많다. 환자는 그야말로 내팽개쳐져 있다.

아프리카 지역은 감염병이 아직도 큰 공중보건의 문제이지만 이 병원이 최종 전원병원이다 보니 만성 질환자와 종양 환자가 많다. 소아 환자들은 선천성 종양, 심장질환, 림프종, 뇌종양 등 매우 다양한 질환을 갖고 온다. 많은 아프리카 나라들이 그렇듯이 말라위도 의료제도는 영국식 국가 보건 서비스(NHS) 시스템을 갖추고 국가가 모든 국민들에게 무료로 의료를 제공하는 사회주의 시스템이다. 기본적으로 보건소와 국가 공공 병원에서는 치료비가 무료이다. 그러나 이름만 무상진료이지 실제로 의사는 처방만 할 뿐 처방약은 환자가 외부의 약국에서 직접 자기가 사야하고 수술이나 처치에 필요한 기구나 진료 재료를 환자 본인이 직접 외부에서 사서 조달해야 하는 경우가 많다. 입원 환자라도 필요한 약이 없거나 안 되는 검사가 많기 때문에 약을 사기 위해서 또 중앙병원에서 안 되는 검사를 좀 더 자세히 받기 위해서는 사립병원에 가거나 환자가 돈을 내고 사와야 한다.

정부 예산이 뒷받침되지 못하는 무상 진료는 곳곳에서 한계에 봉착해 있고 선언적인 의미만 있을 뿐이다. 그리고 교수급의 전문의에게 진료를 받기 위해서는 그들이 개원하고 있는 사설병원에 가야 빠른 치료를 받을 수 있다. 지구상의 어느 나라도 무상 진료와 수준 높은 진료 두 가지를 동시에 충족하기란 불가능하다.

지역병원(District hospital) 수준에서 적어도 중증 말라리아 환자 치료, 제왕절개, 충수돌기염 수술 같이 자주 발생하는 수술이나 골절 등 외상 치료가 가능해야 하지만 그 병원들에서는 의료인력, 시설, 장비, 약품의 부족으로 적절한 치료를 못하고 모두 중앙병원으로 보내기 때문에 중앙병원에 과부하가 걸리고 있다. 카무주 중앙병원조차 전문 의료진이 부족하여 난이도 높은 환자들은 다 처리하지 못하고 브랜타이어로 보내거나 그래도 해결이 안되는 환자들은 남아공이나 인도 등 외국으로 가기도 한다. 그나마 외국으로 갈 수 있는 환자는 감당할 재력이 있어야 한다. 가끔 고위공무원은 외국에서 치료받을 수 있는 혜택이 주어지기도 한다.

이런 문제를 중앙병원에서 다 해결하기란 역부족이다. 1,2차 의료기관의 질적 수준향상과 의료진의 역량 강화를 통하여 많은 단계의 환자들을 진료하고 3차 기관에서는 주로 암이나 심장혈관 질환 같은 비전염성 질환이나 선천성 질환, 고난이도의 치료관리가 필요한 질환 위주로 진료를 한다면 과부하를 해결할 수 있지 않을까 생각한다.

내가 처음 말라위를 방문한 2011년에는 말라위에 CT가 있는 병원이 없었다. 그 후 릴롱궤에 있는 한국 선교사가 세운 대양누가병원에 CT가 최초로 설치되었고 얼마 안 있어 국립 카무주 중앙병원에도 CT가 설치되었다. 64채널 필립스 장비인데 2017년 내가 오리엔테이션을 받기 위해서 갔을 때 활발히 가동이 되고 있었다. 오전에 CT 방에 있으면 여러 사람들이 들락날락한다. 각 과에서 여러 의사들이 결과를 보기 위해서 찾아오는데 나를 붙잡고 소견을 읽어달라고 한다. 처음 보는 외국인 의사인데도 워낙 영상의학과 자문을 구할 데가 없으니 나에게까지 부탁을 하는 것 같다.

　내가 말라위에 2018년에 다시 갔을 때에는 CT가 고장이 나서 근 2년을 세워놓고 있었다. 엑스레이 영상사진을 보는 방법은 아직도 아날로그 방식의 필름을 쓰고 있다.

　디지털 촬영 기기도 사용되고 있는데 디지털 사진을 보기 위해서는 컴퓨터와 네트워크가 필요하다. 네트워크와 단말기가 모든 병실과 외래 진료실에 설치되어 있지 않아서 사진을 보려면 영상의학과로 오든지 아니면 단말기가 설치된 곳으로 가야해서 의료진의 불편이 이만저만이 아니다.

　영상의학과에는 제대로 된 판독실도 없어서 시티 컨트롤룸에서 판독을 하거나, 회의실에서 하는데 다행히 회의실에는 네트워크로 연결된 컴퓨터가 있어서 저장된 사진을 볼 수 있었다. 모니터는 한국 병원에서는 일반화된 해상도 높은 질 좋은 판독용 모니터가 아니라 일반 PC 모니터로 봐야 해서 미세한 부분에 대한 진단에 애로가 많았다.

　말라위 정부에서는 카무주 국립중앙병원에 이 나라 최초의 암센터를 짓고 있다. 독일과 노르웨이의 도움을 받아서 짓는다고 하는데 내가 갔을 때 시설 공사가 한창이었다. 그동안 국립중앙병원의 의사들과 교류하는 과정에서 그들이 암센터를 운영하는데 있어 한국에 요청하고 싶어하는 사항들을 파악할 수 있었다. 작은 힘이나마 내가 연결 고리가 되어서 한국의 대학병원의 의료진과 현지의 의료진을 연결하여 그들이 필요한 부분에 도움을 보탰으면 하는 바람이다.

6
ANOTHER MISSION

질관리

　엑스레이 영상은 한 쪽에서 엑스레이를 발생시키고 빛의 일종인 엑스레이가 사물을 투과하여 반대쪽에 위치한 필름에 감광되면 감광되는 정도를 회색 스케일의 명암으로 나타내는 것이다. 독일의 과학자 뢴트겐이 엑스선을 발견한 이후 엑스선의 투과 양상은 사진 건판인 필름에 기록해 왔다. 영상을 디지털로 기록하는 기술이 개발된 이후 우리나라를 비롯한 선진국들은 영상 검사의 기록을 위하여 아날로그 방식의 필름은 더 이상 사용하지 않고 디지털로 바꾼 지 20년 이상 넘었는데, 이곳에서는 아프리카의 대부분 국가들이 그러하듯이 아직도 아날로그 필름을 쓰고 있다. 아날로그 방식은 감광 필름을 암실에서 현상하는 방식인데 촬영 및 현상 조건에 따라서 사진의 질이 천차만별이라 숙련된 기술자가 필요하다.

　영상 검사는 무엇보다도 사진의 질이 중요하다. 사진의 질을 결정하는 것은 목적한 촬영 부위를 정확히 보여주고 있는지, 대조도와 명암의 단계가 충분한 영역을 커버하고 있는지, 움직임은 없는지 하는 것이다. 그다음으로 중요한 것은 환자를 확인하기 위한 인적 정보가 올바르게 표시되어 있고, 좌우가 정확하게 구별되고, 촬영 날짜와 시간이 표시되어야 한다. 여기에 와서 많이 놀란 것은 엑스레이 사진에 환자의 신원에 대한 정보가 표시되지 않는 경우가 많고 사진에 필수적인 방향 표시 마커가 찍히지 않은 사진들이 많다는 점이었다. 그래서 판독하는데 애를 많이 먹었다.

　사진의 질을 관리하는 것은 방사선과 의사의 큰 업무 중의 하나이다. 그러기 위해서는 촬영하는 방사선사들을 끊임없이 교육해야 한다. 촬영된 사진의 질에 대한 그때 그때의 피드백이 중요한데 그러기 위해서는 이 사진을 누가 찍었는지 확인하고 문제가 있으면 그 촬영 근무자를 불러서 촬영 절차를 확인하고 현장에서 문제점을 발견하여 대안을 제시하고 반복적으로 잘 안되는 것은 교육을 통해서 교정을 해주는 것이 필요하다.

　질 관리의 출발로 촬영 절차에 대한 점검과 촬영자에 대한 교육 훈련이 필요하다. 노르웨이에서 온 방사선사 자원봉사자가 질 관리를 위해서 절차를 마련한 적이 있었다. 질 관리의 첫 단계로 누가 이 사진을 찍었는지를 알기 위해서 마커를 만들어서 각자에게 나눠주었다. 그 마커에는 각 사람별로 구별할 수 있는 표식이 있어서 마커만 보고도 누가 찍었는지 알 수 있게 만든 것이었다. 모든 사람을 교육시키기 어려우니 잘못된 사진이 발견되면 촬영한 사람을 찾아내서 무엇이 잘못되었는지 교육을 하고 앞으로 사진을 찍을 때 똑같은 실수를 하지 않도록 지도하려고 하였다.

각 개인의 아이디가 있는 마커를 지급하고 그것을 항상 사진에 넣어서 찍으라고 하였는데 일주일이 지나자 모든 마커들이 없어졌다고 한다. 한두 개도 아니고 모든 직원의 마커들이 없어진 것이다. 그 이유는 충분히 예측할 수 있다. 모든 사람들도 마찬가지이지만 이들은 자기의 실수를 지적당하는 것을 매우 민감하게 반응한다. 그래서 결국은 질관리 프로젝트는 실패하였다. 강제성이 없으니 시도하다가 흐지부지된 것이다. 개량하려는 생각보다는 잘못을 지적당하고 그로 인해서 자기에게 어떤 불이익이 온다는 것에서 더 민감했던 것이다.

외부인의 시각에는 문제점들이 보여서 개선하려는 노력을 해보지만 이 외부인들은 고작 몇 개월 또는 1~2년 머물다 가는 것이라 개선할 시간이 부족하다. 그들이 시도를 해보더라도 강제성이나 유인책이 없으므로 지속 가능하지 않았던 것이다. 개혁은 어렵고 내부로부터 동력이 나와야 하는데 그것을 이끌어낼 내부적 역량이 아직 보이지 않는다. 계속적으로 이들을 관리해야 하는 병원의 리더십은 관심이 없거나 실행할 자원이 부족하다. 이처럼 개혁이 필요할 때에는 조심스럽게 이들의 현실적인 고민이 무엇인지 파악하고 타협하면서 개량해 나가야 할 것 같다.

7
ANOTHER MISSION

출장 초음파, 소아환자의 죽음

내가 말라위 정부 보건부의 초빙을 받아서 말라위에 최초로 건립되는 암센터의 자문의로 일하게 된 것은 하나님의 완벽한 계획하심과 타이밍이었다. 2019년 3월부터 아프리카 말라위의 수도 리롱궤에 소재한 국립 카무주 중앙병원 암센터에서 영상의학 및 핵의학 전문가(Radiology Specialist)로 활동을 시작하였다.

시작한 지 얼마 안 되는 어느날이었다. 모든 번잡스러운 일상이 평온해지는 금요일 오후, 스쿨버스가 마주오던 차와 정면 충돌하여 30여 명의 부상자가 병원에 들이닥쳤다. 초음파로 FAST scan(Focused Assessment with Sonography in Trauma: 외상집중초음파검사)를 해달라고 요청하여 포터블 초음파를 메고 서둘러 응급실로 달려갔다. 일부는 침대에 일부는 들것에 일부는 피가 흥건한 채 그냥 바닥에 환자들이 누워있는 소위 전쟁터였다. 간, 비장, 신장같은 장기의 손상은 없는지, 복강이나 심낭, 폐에 혈액이 고여있지는 않은지 검사를 진행하였다.

환자 상태는 시시각각 변해가는데 검사 시간은 자꾸 지체되었다. 포터블 초음파로 10명 이상의 환자를 검사한 것 같다. 포터블 초음파 장비가 한 대 더 있었더라면 한 사람이 더 투입되어 시간을 단축할 수 있었을 텐데 안타까웠다. 모든 것이 열악하지만 열심히 환자를 분류하고 응급처치를 하는 의료진의 노력이 눈물겹다. 결국 한 분은 검사도 하기 전에 중환자실(ICU)에서 돌아가셨다.

국립중앙병원이면 이 나라에서 가장 시설이 좋고 가장 우수한 의료진이 있는 기관이다. 그렇지만 실상은 열악하기 그지없다. 3차 병원으로서 중증 환자들이 최종적으로 오는 병원이다 보니 죽음 직전의 심각한 환자들이 많고 대부분 병을 키워서 늦게 오는 경우가 많아서 안타깝다. CT가 되지 않아서 초음파로 대부분 내부 장기에 대한 진단을 해야 하는데 영상의학과에 가용할 수 있는 초음파가 한 대밖에 없어서 애로가 많았다.

처음에는 초음파 화질도 좋지 않고 익숙한 장비가 아니다 보니 검사와 판독에 많은 시간을 소비해야 했었다. 그들은 내가 모든 영상 검사에 탁월할 것이라는 생각에 나에게 자문을 구하는 것 같았다. 나도 잘하지 못하는 분야가 있음을 알려주려고 해도 그들은 그나마 내부 장기에 대한 상태를 알기 위하여 영상 스페셜리스트의 의견을 간절히 찾는 것 같았다.

말라위는 의료인력이 부족하고 전문 분야 훈련 과정이 충분치 않다. 특히 영상검사를 잘할 수 있는 인력이 태부족이다. 영상 검사 장비는 기증을 받거나 중고 장비를 싼값으로 구매하여 설치되고 있다. 장비가 있으니 검사를 해야 하는데 초음파도 엑스레이처럼 방사선사가 검사를 하여 사진을 만들 수 있다고 생각하는 것 같았다.

　초음파는 충분한 지식을 갖고 잘 교육받은 숙련된 인력이 검사를 해야 한다. 방사선사 중에 초음파 검사를 하는 사람을 소노그라퍼라고 하는데 문제는 초음파는 영상을 찍는다고 검사가 완료되는 것이 아니라 해석을 하고 진단을 해야 하는데 아무래도 소노그라퍼는 다양한 질병에 대한 정확한 해석 능력이 부족할 수밖에 없다. 경험 있는 초음파사가 한 명 밖에 없는데 그도 가끔 틀리는 경우가 있어서 나에게 물어보곤 한다.

　그보다 더 큰 문제는 의사들이 정확한 진단 없이 환자를 치료한다는 것이다. 초음파로 대장에 종양이 의심되어 조직 검사를 먼저 하여 암을 감별 진단하라고 하였는데 조직 검사를 하지 않고 바로 수술로 들어가는 것을 보았다. 조직 검사를 하면 정확한 진단을 내리고 수술 방법과 범위를 사전에 계획할 수 있겠으나 조직검사를 하는 장비도 불비하고 결과도 신뢰할 수 없으니 바로 수술하여 눈으로 확인하려는 외과 의사의 마음을 이해할 수도 있을 것 같다.

　여기 의료진들과 같이 초음파를 하면서 그들을 교육하고 어려운 케이스들은 조언을 하면서 검사의 정확도를 높이는 지도를 하였다. 아침에 출근하면 초음파실에 가서 소노그라퍼들이 초음파 검사하는 것을 참관한다. 소노그라퍼들에게 추가적인 의견(second opinion)을 주고 교육도 하면서 검사의 질을 높이게 되었다. 벌써 소문이 났는지 나에게 직접 찾아와서 CT며 초음파 판독을 받겠다고 하는 사람들이 생기게 되었다. CT가 고장난 상태로 있어서 영상진단에 초음파가 많이 사용되고 있는데 초음파가 한 대밖에 없어서 많은 환자들이 줄을 길게 서야 하는 형편이다. 이것도 10년이상 된 구식 장비라 화질이 떨어져서 애로가 많았다.

매일 아침 책상 위에는 병실로 초음파 출장을 와달라는 요청서가 끊이지 않고 쌓인다. 환자가 영상의학과까지 올 수 없는 중한 상태이므로 병실로 가야 한다. 병실에서는 초음파로 하는 모든 것을 커버해야 한다. 초음파로 가이드하여 종양의 조직검사를거들고, 장비가 오래되어 화면이 잘 보이지도 않는 포터블 초음파를 가지고 진단을 해야 하고, 심지어는 심장 에코까지 봐 달라고 한다. 심장 에코는 여기 오기 전에 심장내과 선생님께 교육을 받고 왔다. 오기 전에 받은 교육의 덕을 톡톡히 보고 있다.

병실 상황은 정말로 과포화 상태이고 열악하다. 침대 하나에 두세 명의 아이들이 누워 있고 엄마와 보호자도 같이 있으니 결국 한 침대에 네 다섯명이 올라가 있다. 결핵과 홍역, 에이즈 등 감염병이 있는 환자와 심장병이 있는 환자, 콩팥이 나빠져서 온 환자가 뒤섞여 있다. 거기에다 간호사와 의사와 청소부들까지 같은 병실에 있어서더 혼잡스럽다. 없던 병도 얻어갈 수 있고 감염관리가 되지 않아 전염병이 돌면 순식간에 퍼질 수 있는 위험한 상황이다. 그래도 밀려드는 환자를 거절하지 못하므로 어쩔 수 없다. 병실에 가보면 거의 죽음에 가까이 있는 환자가 많다. 전쟁터가 따로 없는 것 같다.

출장 초음파를 봐달라는 요청에 병실로 갔다. 인간면역결핍바이러스(HIV)양성 환자로 불과 나이가 8세 소아였다. 뇌수막염이 의심된다고 하여 지역병원에서 보낸 환자였다. 보호자인 엄마는 대부분 아이의 병이 어떤 상태인지 모른다. 심지어는 병이 있는지도 모른다. 그래서 목

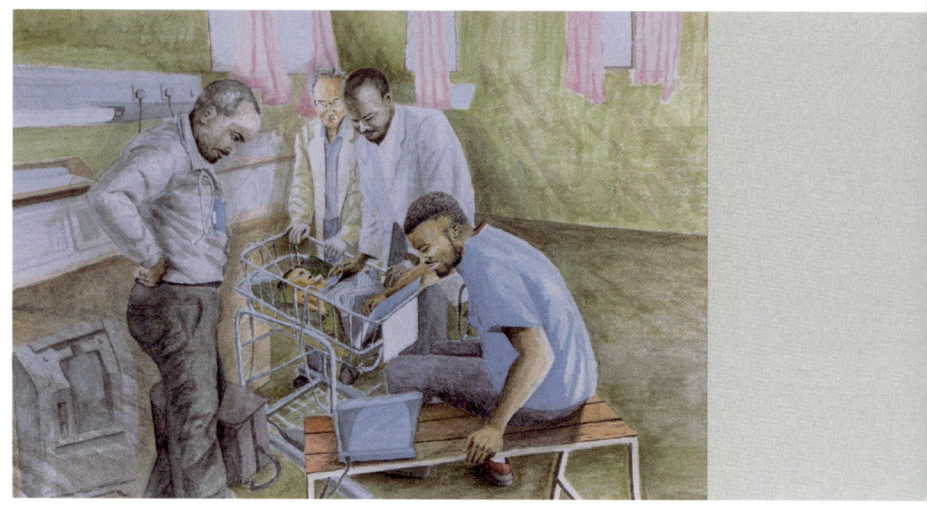

숨이 왔다 갔다 하는 상황이 되어서야 병원에 데려온다. 그리고 병원에 왔다 하더라도 지역 헬스센터는 그것을 바르게 진단할 능력이 없다.

이런 것이 복합적으로 작용하여 환자의 진단이 늦어지게 되고, 늦게 병원에 오게 되어서 치료시기를 놓친다. 이번도 그런 케이스였다. 담낭벽이 두꺼워져 있고 주변의 복강 내에는 복수가 차 있는 것이 보여서 급성담낭염과 복막염이 있다고 의견을 주었다. 그러나 진단을 안다는 것과 치료는 다르다. 검사를 끝낸 후 환자는 곧 사망하고 말았다. 안타까운 일이다.

간혹 오후 늦게 의뢰가 와서 다음날로 미뤄두었다가 다음날 가보면 이미 세상을 떠나서 환자가 없고 더 이상 검사 의뢰서가 쓸모가 없어진 경우도 있었다. 환자 상태는 나빠지는데 진단도 정확하게 되지 않으니 마지막으로 영상검사로 원인을 알아보려고 하는 것 같았다. 한번 그런 일을 겪고 나서는 포터블 초음파 의뢰가 오면 하루를 넘기지 않으려고 애를 썼다.

　병실로, ICU(중환자실)로, HDU(high dependency unit, 고의존병실)로, 소아암 병실로, 신생아 집중치료실 등으로 출장을 와 달라는 것이 처음에는 생소하기도 하고 돌발 상황에 어떻게 대응해야 할지 몰라서 난감했고 부담이 되었지만 전문의가 영상을 활용한 검사에 자문 의견을 주는 것만으로도 치료 방침을 정하는데 큰 도움을 받고 있다. 이제는 그 사람들의 필요를 맞춰서 그들에게 조언을 할 수 있는 사람이 나라는 것을 깨닫게 된 후에는 오히려 출장을 기꺼이 하게 되었다. 여기 의료진과 환자들의 필요를 맞춰주면서 나로 인하여 진료의 질이 조금이라도 높아지면 더 바랄 것이 없겠다.

8

ANOTHER MISSION

소아암 치료 프로그램

    소아암 병동에서 초음파 검사 요청이 왔다. 소아암이 의심되어 조직검사를 하는데 초음파 가이드로 조직검사를 보조해 달라는 요청이었다.

    암환자 치료는 말라위의 의료 수준에서 독자적으로 하기에는 많이 부족하다. 일부 소아암 환자에 대한 치료를 외국의 한 대학이 연구소를 짓고 재정을 지원하고 있었다. 미국은 텍사스 휴스턴의 베일러(Baylor) 의대와 노스캐롤라이나 대학(UNC)에서 많은 지원을 하고 있었다. 독자적인 연구소 건물을 가지고 있고 많은 연구비를 투입하여 환자 치료, 질병 연구와 교육 훈련을 하고 있었다. UNC 연구소는 소아암 환자의 치료에 집중하고 있다. 반면 Baylor 의대 연구소는 에이즈 환자의 연구에 집중하고 있다.

    조직검사를 해서 종양으로 판명되면 치료 프로그램에 들어가게 된다. 소아 환자들이 복부에 큰 덩어리가 만져져서 오는데, 많은 경우 콩팥과 관련된 종양이다. 이 연구 프로젝트는 주로 콩팥에서 생긴 윌름 종양이나 콩팥 주변의 신경계통에서 생긴 신경모세포종, 또는 림프종에 대한 치료와 연구를 하고 있었다. 이런 진단이 나오면 그 아이에게는 그래도 다행이다. 이런 종양들은 연구 프로그램에 선정되어 치료를 시작 할 수 있고 수술과 항암제 치료가 지원되기 때문이다. 그러나 그 외의 종양에 대해서는 그들은 지원하지 않는다.

이번 환자는 배꼽 주변에 종양이 생긴 환자였다. 종양 의료진은 이 종괴가 자기들의 치료 프로그램에 들어올 수 있는지 알기 원하는 것 같았다. 초음파로 보니 배꼽 주변에서 방광으로 연결되는 종괴가 보였다. 요막관잔유물(urachal remnant)에서 생긴 종양 같다고 하자 그것은 외과적 문제이니 조직검사도 하지 말고 외과 파트로 보내자고 한다. 이 경우 아이는 UNC 프로그램에 들어가지 못한다. 아이는 정상적인(?) 절차를 밟아서 수술 차례가 오기를 기다려야 한다. 치료비 지원도 받지 못한다. 희망에 부풀어 왔으나 실망하고 치료가 늦어지는 상황이 되었다.

간혹 말라위 의사들이 그런 것에 대해서 불평하는 것을 들을 수 있었다. 조직 검사할 비용을 환자 보호자들이 마련해야 하는데 돈을 마련 못하니 검사조차 못한다는 것이다. 그렇다고 그런 프로그램을 제공하는 사람들을 비난할 수는 더더욱 없다. 언제까지 이 나라 정부나 사회가 비용을 마련하지 않고 원조에만 의존하여 의료 문제를 해결하겠는가.

말라위는 아프리카의 동남부에 위치한 인구 1800만 명의 비교적 작은 나라로 의료인력과 의료인프라가 열악한 상황이다. 아프리카 국가들은 아직도 전염성 질환이 공중보건에서 차지하는 부담이 많고 정부예산과 외국의 원조도 이 분야에 집중되어 있다. 유엔 새천년 개발목표 MDG5를 2015년까지 달성하는 것을 목표로 국민들에게 가능한 최적의 보건의료의 수준을 제공하기 위해서 노력하였으나 국가적인 보건의료 투자 여력은 열악하다.[2]

그 와중에 산업화가 진행됨에 따라서 암, 심뇌혈관 질환, 당뇨 등 비전염성질환이 늘어나고 있어서 국가적인 보건 현안이 되고 있다. 말라위도 국가 보건의료 정책의 목표 중의 하나로 전염성 및 비전염성 질환의 예방과 통제에 대한 능력 강화를 선정하고 있다.[3] 이를 통하여 국민들에게 양질의 의료 전달 체계를 확립하는 것을 목표로 하고 있다.

말라위 정부에서는 점차 질병 부담이 높아지고 있는 암환자들을 치료하기 위해서 카무주 중앙병원에 이 나라 최초의 암센터를 짓고 있다. 암센터에는 방사선치료 장비가 설치되고 수술실, 항암치료 시스템, 최신 CT, MRI, 초음파 장비 등을 구비한 새로운 영상 센터가 설치될 예정이다. 이 사업은 노르웨이와 독일의 지원을 받아서 짓는다고 하는데 내가 있는 동안 시설 공사가 한창이었다.

이들은 국가 예산을 자국의 세금만으로 채울 수 없다. 그래서 큰 사업은 물론이고 공무원들 월급을 주는 것 조차도 원조금이 들어와야 한다. 2019년 말에는 가동에 들어갈 예정이라고 하지만 완공되려면 한참을 더 기다려야 할 것 같다.

병원장이 나를 보고 한국과도 파트너 관계를 맺자고 한다. 암센터를 짓고 있는데 한국도 미국에서 지원한 것과 비슷한 연구 센터를 하나

---

[2] WHO country page http://www.who.int/countries/ This brief is available online at http://www.who.int/countryfocus WHO/CCO/13.01/Malawi

[3] Malawi Health Sector Strategic Plan 2011-2016. Government of Malawi, Ministry of Health, 2011

지원해주면 좋겠다는 의미인 것 같다. 한국을 미국이나 유럽, 일본, 중국과 같은 반열에 올려놓고 그 정도 수준의 지원을 바라는 것 같았다. 그들이 암센터를 운영하는데 부족한 점들을 한국에 요청하고 싶어하는 것들을 알 수 있었다.

요즘 우리나라도 ODA 예산을 많은 아프리카 국가에 투입하고 있다. 말라위는 독립 초기부터 우리나라와 각별한 관계를 맺어온 나라이다. 아프리카의 많은 나라들이 독립 후에는 사회주의 제도를 받아들이고 사회주의권에 들어갔지만 말라위는 처음부터 남한과 단독 수교한 나라이다. 한국이 이들을 지원할 수 있는 프로그램이 생기면 좋겠다는 생각을 하였다. 말라위가 필요한 도움을 파악하여 한국의 대학병원의 의료진과 현지의 의료진을 연결하는 연결고리가 되어 작은 힘이나마 보탰으면 하는 바람이다.

9

ANOTHER MISSION

국립암센터, 또 다른 문

> 만군의 여호와 이스라엘의 하나님께서 이같이 말씀하시니라.
> 사람이 이 땅에서 집과 밭과 포도원을 다시 사게 되리라 하셨다 하라 (렘 32:15)

하나의 문이 닫힐 때 하나님은 다른 문을 준비하고 계신다는 말이 와 닿는다. 모든 가능성이 닫혀 있을 때 내가 목표로 했던 길이 막혀 있다고 생각했을 때 하나님은 준비된 사람들을 통해서 다른 길도 보여주시고 들어갈 문도 예비해 주시는 것을 알게 되었다.

2017년 2월 명예퇴직을 하고 말라위에 3월부터 사역을 시작하였다. 사역은 계획했던 것과는 달리 순조롭지는 않았다. 하나님은 내가 계획했던 많은 것들을 어긋나게 하셨다. 사역지에서의 역할이라든지 사역의 범위, 재정적인 것 무엇 하나 확정되지 않은 채로 오게 되었다. 그래도 하나님께서 길을 인도하실 것이라고 믿고 사역지에서 첫발을 내디뎠다. 말라위 의사면허 등록과 Radiology Specialist (영상의학과 전문의) 등록을 했지만 의료행위를 하기 위한 업무허가 비자는 행정 처리가 느린 탓에 받지 못하여 할 수 없이 중간에 말라위를 떠나야만 했다.

나는 많은 것을 내려놓았다고 생각했고 내가 하는 것이 하나님이 기뻐하고 그래서 평탄한 길을 주실 것이라고 생각했다. 그러나 막상 펼쳐진 현실은 나의 기대와 계획한 바와는 많이 달라서 궤도 수정을 해야만 했다. 길을 막는다고 표현할 수도 있지만 길 전체를 막으시는 것이 아니라 인간적으로 생각했던 방법들을 못하게 하시는 것 같았다.

여시는 하나님과 막으시는 하나님은 동일한 하나님이다. 이런 상황을 만드시는 하나님이 이해할 수 없지만 그래도 하나님은 신실하시고 사랑이심을 믿는다. 그런데 이런 상황이 오히려 더 잘 되었다는 생각이 들었다. 강권적으로 역사하셔서 지금까지 볼 수 없었던, 피상적으로 밖에는 볼 수 없었던 말라위 사회와 말라위의 의료 시스템의 내면적인 것들을 볼 수 있게 하셨다.

묵상 중에 가능성이 보이지 않는 상황에 집과 밭과 포도원을 사서 다시 일구라는 하나님의 말씀을 읽게 되었다. 지금은 가능성이 보이지 않아도 하나님께서 그렇게 하시겠다는 말씀이다. 선교의 방법에는 많은 형식이 있다. 전적인 후원으로 하는 경우도 있고, 전문적인 직업을 가지고 완전한 자비량으로 하는 경우도 있다. 내가 생각한 방식이 하나님이 생각하시기에 기뻐하지 않으시는 방법일 수도 있다는 생각이 들었고 그때부터 새로운 길을 열어 주실 것을 기도하였다.

그 후에 한국으로 일시 귀국을 하여 한 달씩 말라위를 방문하여 지원하는 방식으로 사역의 방향을 조절하였다. 이렇게 2018년까지 한국과 말라위를 번갈아 왔다 갔다 하는 사역을 하면서 한편으로는 보건부의 공무원들과 친분을 쌓았다. 특히 보건부 차관인 닥터N은 나의 말라위 사역에 큰 도움을 준 분이다. 그는 내가 2012년 안암병원 부원장을 하고 있던 때에 안암병원을 방문하여 알게 된 분으로 대통령 주치의를 했던 내과 의사이다.

그를 말라위에서 다시 만났을 때 말라위 최초의 암센터를 짓고 있다는 소식을 듣게 되었다. 말라위 최초의 암센터에 영상의학과 및 핵의학과 전문가가 필요하다는 얘기를 듣게 되었다. 그에게 암 전문가로 나를 초청하는 것이 어떠냐고 제안을 했고, 그가 흔쾌히 나를 초청하게 된 것이다. 정부 초청이면 비자문제가 해결되는 것이었다. 이 과정에 말라위 한인회장을 하셨던 사장님께서 자기 일처럼 많은 도움을 주셨다. 정말 하나님의 개입과 은혜가 아니면 어떻게 이런 기회를 얻을 수 있었을까 모르겠다.

많은 아프리카 국가들이 그렇지만 말라위도 전염성 질환의 부담이 워낙 크다 보니 늘어나는 암환자를 치료할 수 있는 인프라가 매우 열악하다. 항암치료나 방사선치료가 필요한 암환자, 심장 수술이 필요한 환자, 장기이식이 필요한 환자들은 남아공, 케냐, 또는 인도 등 말라위보다는 의료 시스템이 발전된 국가들로 환자를 보내는데 환자가 공무원인 경우에는 국가가 비용을 다 부담한다. 이러다 보니 의료비로 지출되는 예산이 늘어나고 일반 국민들에게까지 그 혜택이 돌아가지 않는다. 정부에서는 이런 상황을 해결하고자 암센터를 건설하고 있는데 건설비를 자체 예산이 아닌 외국의 원조를 통해서 해결하다 보니 건설이며 장비 구입 등 진도가 잘 나가지 않고 있다.

2019년 말에 개원이 예정되어 있었지만 내가 말라위에 있는 동안에도 계속 건설 중에 있었고 아직도 개원이 불투명한 상황이다.

2019년 3월 다시 말라위에 도착하였다. 병원장과 정부 인력개발부 차관의 서명을 받아 이민국에서 체류허가를 받았다. 정부 주택과에서 배정된 집을 받고 자동차를 구입하였다. 이제 국립 카무주 중앙병원에서 암센터에서 Radiology Specialist 전문가로 활동을 시작하게 된 것이다. 나의 교수로서의 경험과 지식, 행정적 경험들을 잘 사용할 수 있는 최적의 맞춤형 사역인 것 같았다. 대학에서의 경험을 살려 아프리카에서 선진 의료지식을 전수하는 일에 헌신하게 되었다.

그와 더불어 현지 교회에 출석하면서 주일학교 청년들에 대한 학비 지원, 성도들에대한 후원, 교회 유치원과 교회 학교의 교복지원, 마을의 우물 파주기, 주일학교 어린이들을 위한 간식과 빵 후원 사역 등을 하였다.

우여곡절 끝에 여기까지 왔다. 문밖에서 서성이지 말고 안으로 들어가야 한다. 미리 겁먹지도 말고 미리 판단하여 이렇다고 결론 내리지도 말아야 한다. 그 안에 들어가면 또 다른 세상이 펼쳐질 것이다. 문을 열고 들어가면 새로운 길들과 사람이 연결된다. 내가 거기 들어가지 않았으면 만날 수 없었던 사람들, 할 수 없었던 경험을 하게 된다. 경험하는 과정에서 하나님을 새롭게 만나게 되고 서로 연결되는 사람들을 통하여 새로운 방향의 사역이 전개된다.

내가 비록 처음에는 동쪽으로 가고자 하였더라도 문 안으로 들어선 후에는 서쪽 혹은 북쪽으로 가야만 하는 경우도 있다. 그 가운데 하나님의 임재를 경험하고 하나님과 만나서 하나님이 누구신가 알아가게 된다. 이 모든 길을 걷게 하시는 목적은 결국은 하나님과의 만남이고 하나님을 알아가게 되는 과정이다. 하나님을 알게 되면 하나님이 원하시는 것을 할 수밖에 없다. 그 세상에서 또 다른 일들이 벌어지는 것을 즐겁게 감당하다 보면 언젠가는 산 위에 올라와 있는 자신을 발견하게 될 것이다. 이곳에서 바로 그런 경험을 하게 되었던 시간이었다.

말라위 최초의 암센터가 원활히 운영될 수 있도록 도움을 주도록 노력하며 암에 대한 정책 수립과 교육 및 연구에 한국을 비롯한 국제적인 협력이 많이 연결되어 말라위의 의학발전에 기여하고 이 나라 국민들이 많은 혜택을 볼 수 있기를 희망한다.

10
ANOTHER MISSION

우물과 염소

아프리카는 물이 부족하다. 말라위도 건기 때는 비 한번 내리지 않는 건조한 날씨가 6개월 동안 계속된다. 때문에 물을 구하는 것이 가장 큰 문제이다. 마을의 중심에 우물과 펌프가 있지만 건기가 되면 대부분 마르는 우물이라서 30분에서 1시간 떨어진 멀리 있는 곳에 물을 뜨러 다녀야 한다. 특히 아이들의 큰 일과 중의 하나가 물을 길어서 나르는 것이다. 우물과 펌프는 원조를 받거나 봉사단체들이 파주는데 얕게 파면 몇 년 못 가서 물이 마르고, 또 펌프가 고장이 나면 수리를 못하기 때문에 우물이 있어도 쓸 수가 없게 된다.

릴롱궤에서 40분 정도 떨어져 있는 현지 마을을 방문하였다. 이 마을은 말라위에서 동역하는 선교사님이 마을 아이들과 고아들에게 점심을 먹이는 구제 사역을 하고 있는 마을이었다. 이 마을에 몇 개의 우물을 판 관정과 펌프가 있는데 샘을 얕게 팠기 때문에 이제는 물이 말라서 사용하기 어렵다고 하였다.

이 마을에 우물을 파주면 필요한 물을 원활히 공급할 수 있을 것 같다는 말에 출석 교회에서 지원한 선교 헌금으로 샘물을 파기로 결정하였다. 현지 사정을 잘 아는 선교사에게 부탁을 하였는데 아무래도 말라위 현지 기술자가 그곳 지형을 잘 알고 현지에 최적화된 설치를 할 수 있을 것 같아 현지인 기술자에게 작업을 위탁하였다. 오랫동안 사용할 수 있도록 100미터 이상으로 관정을 뚫도록 하였는데 거의 3개월에 걸쳐서 작업이 진행되었다. 몇 군데 판 것 중에 드디어 한 곳에서 물이 나왔다. 무려 120미터를 팠다고 한다.

마을을 방문하여 물이 솟는 것을 확인하고 전기 모터를 달고 난 후에 전기를 연결하니 물이 펑펑 나왔다. 이제 이 샘물 주변 마을 사람들은 한동안 물 걱정 없이 살 수 있게 되었다. 하나님의 은혜의 마르지 않는 샘물, 또 새물결, 새은혜라는 의미로 은혜의 샘물이라고 이름 붙였다. 마을 사람들과 같이 개수식을 하고 잔치를 벌였다. 준비해 간 과자를 나누어 주는 등 물이 나오는 즐거움을 만끽하였다.

이 나라 사람들은 마을에 큰 행사가 있으면 잔치를 벌인다. 잔치에는 음식이 빠지지 않는다는 것이 우리와 닮은 점이다. 마을 한 가운데에 큰 가마솥을 걸고 옥수수 가루로 죽을 쑨다. 이 죽 이름이 시마이고 이 사람들이 하루 세끼를 주식으로 먹는 음식이다. 마을 아낙네들이 죽을 쑤는데 돌아가며 큰 막대기로 저어가면서 마치 풀을 쑤듯이 죽을 쑨다. 죽을 쑤는 동안 여인들이 죽 둘러서서 노래를 부르고 춤을 춘다.

그사이 마을 아이들은 멀리서부터 양재기 그릇 같은 것을 하나씩 들고 구름같이 몰려온다. 죽이라도 한 사발 얻어먹으려는 것이다. 아이들은 거의 대부분 맨발이고, 간혹 신발을 신고 오는 아이도 있지만 대

부분은 슬리퍼 정도이다. 돌이 채 지나지 않은 어린 아이들도 언니, 오빠에게 업혀 오거나 형의 손에 이끌려 온다.

1년이 지난 후에 우물을 파 주었던 마을을 다시 방문하였다. 물을 뽑아서 물탱크에 채워 놓고 마을 사람들과 나누고 있는 모습에 감사가 절로 나왔다.

말라위에서는 부모가 모두 에이즈 같은 질병으로 죽으면 그들의 친척들이 아이들을 거두어서 자기 집에서 같이 키우는 가정이 많다. 마을에는 아직도 중혼이나 일부다처제의 관습이 남아있어서 남자들이 두 번째, 세 번째 부인과 결혼을 하면서 본부인을 돌보지 않는 경우가 많다. 이런 경우 예수를 믿는 여자들은 과감히 이혼을 선택하는데, 여자들이 직업이 없기 때문에 이혼 후에는 생계가 어려워지는 경우가 대부분이다.

이런 사정을 알고 어떻게 도울 수 있을까 기도하였다. 어려운 가정을 돕고 자립할수 있는 토대를 만들어주기 위해서 현지 교회의 목사님과 상의하고 과부와 이혼녀들과 특별히 구제가 필요한 가정에 염소를 사서 지원하기로 하였다. 염소를 분양받을 때 조건은 염소를 잘 돌보아서 새끼가 나면 첫 새끼는 그 가정에서 가지고 두 번째 새끼부터는 이웃과 나눌 것을 제안하였다. 부모를 잃고 고아가 되어 친척 집에 얹혀 사는 아이들에게도 주었는데 그 아이들이 염소를 잘 키워서 자립의 밑천으로 사용되기를 기대하였다.

암수 일곱 쌍, 모두 14마리를 분양하였다. 얼마 후에 다시 가보니 이 중에 7마리가 죽고 7마리만 남았다고 한다. 염소를 키울 형편도 못 되는 가정에 분양을 한 것 같아서 답답하였다. 그래도 감사한 것은 그중 한 마리는 임신중이었다는 것이다. 새끼를 낳게 되면 다른 사람에게도 나누어 주라고 당부하였다.

시도했던 사역이 하나하나 이루어지는 것을 보면서 주님께 감사하

었다. 그러나 사역의 열매보다도 더 기쁜 것은 그것을 통하여 하나님께서는 나를 항상 지켜보고 지켜주고 계신다는 것을 경험한다는 것이었다. 어려운 가운데에서도 하나님의 이끄시는 손길을 느끼게 된 것은 은혜이며 기쁨이다. 하나하나 이루어지는 일들이 기적임을 믿는다. 하나님께서 우리를 이끄시는 손길과 우리에게 주시는 큰 사랑을 경험할 수 있었다. 하나님께서 이끄시는 대로 하나님의 뜻에 맞추어 나의 뜻을 내려놓고 더욱 의탁해야 하겠다는 기도를 하였다.

> 너희는 산에 올라가서 나무를 가져다가 성전을 건축하라 그리하면 내가 그것으로 말미암아 기뻐하고 또 영광을 얻으리라 여호와가 말하였느니라_학개 1장 8절

11
ANOTHER MISSION

에어 앰뷸런스

    말라위는 의료 시설이 열악하여 생명을 위태롭게 하는 중환자가 발생하면 한국에서와 같은 생명 유지를 할 수 있는 최소한의 치료조차 받을 수 없다. 의료 시설과 장비, 훈련된 인력이 부족하므로 비록 내가 병원에서 근무한다고 하더라도 한국에서처럼 안전하고 적절한 진단과 처치를 환자들에게 제공할 할 수 없는 것이 걱정스러운 일이다.

    내가 있는 동안 심각한 질병으로 인해서 말라위에서 치료할 수 없어서 남아공과 한국으로 후송해야 하는 일이 몇 번 있었다. 아프리카 지역은 말라리아가 풍토병인 지역이므로 체류하는 동안 말라리아 예방을 위하여 말라리아 치료제를 주기적으로 먹도록 권고하고 있다. 간혹 말라리아 예방약의 부작용으로 인하여 말라리아 예방약도 먹지 않는 사람도 있고 체류 기간이 3개월 이상 되면 장기간 말라리아 약을 복용하는데 대한 거부감이 있어서 먹지 않는 경우가 많다. 약은 안 먹더라도 모기장을 철저히 갖추어 모기나 해충에 물리지 않도록 조심해야 한다.

우기가 막 끝난 3월이었다. 우리가 말라위 도착한 지 2주가 채 지나지 않은 때였다. 한국에서 파견된 봉사단원 두 사람이 열이 나고 불편하여 민간 병원에 갔는데 처음에는 말라리아 진단이 나오지 않아서 해열제만 처방받아서 먹었다고 한다. 다음날도 계속 열과 몸살기가 있어서 다시 병원에 갔더니 이번에는 말라리아 양성이라는 진단을 받고 말라리아 약을 먹었다고 한다.

그런데 약을 먹고 하루가 또 지났는데도 오한과 열, 머리 아픈 것이 가시지 않아서 내가 있는 병원 응급실로 오게 된 것이다. 두 사람이 말라리아에 걸렸다는 것이 검사로 확인되었다. 며칠을 계속 식사도 못하여 영양 상태가 부실하였고 한국처럼 간병해 줄 수 있는 사람이 없어서 입원을 시켰다. 수시로 아내가 밥을 하고 미역국도 끓여서 들여보내고 간병을 하였다. 밤에는 간호사도 없고 의사도 없는 병실에서 며칠을 보냈다. 그런데 한 청년이 상태가 호전되지 않고 점점 심해지더니 급기야는 섬망 증세가 나타나기 시작하는 것이었다.

입원 5일째가 되었다. 말라리아 균이 나오지 않고 장티푸스 마커도 음성인데 섬망 증세는 계속되었다. 공격적인 행동을 보이고 사람을 알아보지 못하고 매우 초조해하며 입으로는 전혀 먹으려고 하지 않았다. 행동이 부자유스러워서 화장실 갈 때나 움직일 때 넘어질까 봐 잡아주려고 손을 대기라도 하면 뿌리쳐서 더 큰 부상을 입지 않을까 걱정이 되었다.

말라리아는 말라리아 원충이 혈액 세포를 공격하여 파괴시키는 것으로 빈혈과 저혈당과 황달을 일으키고, 치료하지 않고 방치하면 말라리아에 감염된 적혈구 세포가 뇌, 폐, 신장 및 위장 기관 등 많은 기관의 혈관을 막아 손상을 준다. 이 중 뇌 말라리아는 고열, 두통, 섬망, 착란, 발작 및 혼수를 일으킬 수 있는 가정 위험한 합병증이다. 우리나라에는 없는 열대열 말라리아에 동반된 뇌 말라리아 합병증을 처음 경험하게 된 것이다. 어쩔 수 없이 일반 병실에서는 케어가 안 될 것 같아서 중환자실로 옮겼다. 중환자실이라고 해봐야 인공호흡기도 없고 산소포화도 정도 측정하는 것이 전부였다. 그래도 간호사가 24시간 계속 옆에서 지켜보고 있는 것이 그나마 나았다.

인공호흡기도 없는 상태에서 그대로 말라위에서 계속 치료를 한다는 것이 가능하지 않고 최악의 경우 생명을 잃을 가능성이 우려되었다. 호흡곤란이 오면 최대한 진정제를 투여하며 수면상태에서 인공호흡기로 치료해야 하는데 말라위에서는 환자 상태에 대한 모니터가 가능하지 않다. 그렇다고 자연적으로 호전되기를 기다린다는 것은 너무나 무모했다. 그래서 남아공으로 후송하기로 하고 이곳저곳을 수소문하고 방법을 알아보았다.

우리가 오기 한 달 전에 비슷하게 말라리아로 쓰러진 청년이 뇌까지 퍼져서 남아공으로 가는 비행기로 후송되었다는 얘기를 들었다. 겁이 덜컥 났다. 그 비용이 거의 2억에 가깝다는 것이었다. 다행히 이번 봉사자는 한국 정부 파견 봉사단원이라서 보험을 들었는데 그 보험이 에어 앰뷸런스 후송까지 해주는 보험이었다. 보험회사와 연락을 하고 환자 상태에 대한 설명을 하고 후송이 필요하다는 것을 설명하여 다행히 보험회사에서 후송에 동의하게 되었다.

후송에 동의한다는 전화를 받고 약 12시간 동안 초조하게 기다린 끝에 에어 앰뷸런스 비행기가 릴롱궤 카무주 국제공항에 도착했다는 소식을 받았다. 에어 앰뷸런스에는 의사와 간호사가 같이 타고 왔다. 의사와 간호사는 능숙하게 환자에게 안정제를 투여하여 잠을 재웠다. 가는 도중에 환자가 초조하여 난폭한 행동을 하는 것을 방지하고 안정을 취하려는 조치였다. 산소를 공급하면서 앰뷸런스에 태웠다. 앰뷸런스에는 조그만 중환자실과 같은 장비와 약품들이 구비되어 있는 것을 보고 아프리카에서도 의료 서비스의 격차가 이렇게 크다는 것을 그때 처음 알게 되었다.

공항에서 전용 의료수송기에 옮겨 태우고 남아공까지 후송을 하여 중환자실이 있는 병원에 입원하고 본격적인 치료가 시작되었다. 남아공까지 후송을 하여 말라위에서는 가능하지 않던 적절한 치료를 받게 되어서 너무나 다행이고 감사한 일이었다. 불과 한 달밖에 안 되어서 몇 년 동안 겪을 일을 다 겪은 것 같았다.

그런 일이 있고 난 뒤 다음 해에 또 비슷한 사건이 생겼다. 말라위에 체류하는 한국의 청년 봉사단원 중에 한 명이 외상을 입고 병원에 입원하게 된 것이다. 사고로 다리에 외상을 입었는데 혈종이 생겨서 걷지 못하는 상황이 된 것이다. 상태를 보니 혈종이 점점 커지는 것 같고 걷지도 못하는 데 간병할 사람도 없어서 아무래도 말라위에서 치료가 잘 안될 것 같았다. 한국이나 남아공으로 후송하기로 결정을 하였다.

이번에도 보험회사랑 다시 연결이 되었다. 보험회사에서는 왜 후송을 해야 하는지 현지 주치의의 의견을 듣고 싶다고 해서 담당 주치의를 찾았는데 간호사조차 담당 주치의가 누구인지도 이름도 잘 모르고 잘 연락도 되지 않았다. 병원을 구석구석 모두 뒤져서 담당 말라위 의사를 가까스로 찾아서 소견서를 받아서 보험회사에 전달하였다. 보험회사의 담당자와도 직접 통화도 하면서 왜 후송되어야 하는지에 대한 설명도 하여, 한국으로 후송될 수 있도록 조치를 하였다.

　우여곡절 끝에 공항으로 환자를 떠나 보내고 이제 좀 쉬려고 하는데 갑자기 전화가 왔다. 공항에서 의사가 서명해야 하는 서류에 의사 서명이 없어서 비행기를 태워주지 않는다는 다급한 연락이었다. 비행기 이륙 시간이 30분밖에 남지 않았다는 것이다. 마침 수술을 마치고 나오는 담당 주치의를 찾아서 급히 공항으로 데리고 떠났다. 가까스로 공항 출국 수속장에서 서류에 서명을 하고 환자를 비행기에 태워서 한국으로 출발시켰다. 나중에 들으니 그 환자가 한국으로 후송된 후에 수술을 받았는데 혈종이 커서 더 두었으면 감염의 위험이 있었다고 하는 소식을 듣고 제때 후송 결정을 잘했고, 마침 내가 그 자리에 있어서 도움과 연결을 즉시 해줄 수 있었다는 것에 감사했다. 내가 체류하고 있는 동안 비슷한 사건을 몇 번이나 겪게 되면서 하나님께서 하시는 일은 우연이 없고 빈틈이 없으시다는 것을 다시 한번 알게 되었다. 그때 만약 내가 그 자리에 없었더라면 우왕좌왕하면서 말도 잘 통하지 않는 말라위 의사들에게 치료를 받다가 시간을 끌어서 환자의 상태가 더 나빠질 수도 있었을 것 같다. 꼭 누군가가 필요로 하는 장소와 시간에 내가 있게 되는 것 같았다. 이런 일들을 통해서 하나님께서 나에게 말씀하시는 것을 듣는다. 에스더처럼 이때를 위함이 아니겠는가? 어느 것도 우연이란 없다.

12

ANOTHER MISSION

마을 교회와 주일학교

주일이 되면 말라위 목사님이 목회하시는 현지 교회에 가서 마을 사람들과 주일예배를 드린다. 이들의 예배 시간은 기본적으로 3시간이 넘는다. 찬양이 1시간, 기도하고 말씀 선포 후에 특별 찬양이 있고, 설교는 1시간이 기본이다. 설교 후에는 헌금 시간이 있고 헌금 찬양이 있는데 여기도 한 시간은 족히 걸린다. 헌금 후 찬양은 각 공동체별로 나와서 경쟁하듯이 한다. 축도가 끝나고 나서는 또 광고가 이어지는데 그것도 30분 이상 걸린다. 예배 시간이 좀 긴 것이 힘들었지만 찬양과 기도에 열심인 이들의 모습이 감동으로 다가오는 은혜로운 예배이다.

주일이면 주변 마을에서 아이들이 약 500명 가까이 교회 주일학교에 나온다. 일 년 전에 갔을 때는 언니 오빠의 등에 업혀서 교회에 오던 아이들이 이번에 갔을 때는 우리 부부를 알아보고 반갑다고 혼자서 뛰어오는 것을 보고 이 아이들을 건강하게 지켜 주시고 자라게 해주신 하나님께 감사를 드렸다.

주일마다 빵을 사서 아이들이 점심을 할 수 있게 나누어 주고 주일학교 선생님들과 풍선을 불어서 나눠주면서 같이 찬양하였다. 빵을 나누는 것은 작은 일이다. 그렇지만 아이들은 빵 한 덩이를 얻기 위하여, 풍선 하나를 가지고 놀기 위하여 교회로 온다. 빵을 나눠준다는 소문이 나서 아이들을 교회로 오게 만드는 것이지만 주일만이라도 동생들과 한 끼의 먹을 것을 해결하며 주님의 말씀을 들을 수 있다면 그것으로 족하다. 그 빵이 예수님의 몸이라 생각하면서 그것이 그들 안에 들어가서 성령이 거기에 임할 것이라는 기도를 한다.

본 교회에서 후원한 필기도구, 공책, 색연필 같은 학용품을 아이들에게 나눠주었다. 아이들에게 어떻게 나눠줄 지 약간 고민을 하였다. 그저 나눠 주자니 쉽게 얻은 것 같은 기분이 들 것 같고, 교회만 오면 무엇을 받아 가니 감사한 마음이 생기지 않고 교회에 오는 진정성에 동기부여가 안될 것 같았다.

하나를 받더라도 귀하게 노력하여 얻은 것이라는 생각이 들도록 할 수 있는 방법이 무엇이 있을까 고민을 하였다. 글을 쓸 수 있는지 파악을 하여 글을 쓰는 데 들이는 노력을 보고 나눠 주는 방법을 생각해 내었다. 우선 자기 이름을 쓸 줄 아는 아이들에게 우선적으로 나눠주고, 못 쓰는 아이들에게는 돌아오는 주일까지 열심히 연습을 해서 자기 이름을 쓸 줄 알게 되면 학용품을 나눠 준다고 약속하였다. 감사한 것은 두 번째 주에는 완벽하지는 않았지만 자기 이름을 쓰겠다고 나선 아이들이 두 배가 되었다는 것이다.

현지 말라위 목사님은 한국에서도 공부한 매우 신실하고 열정적으로 목회하는 분이다. 처음에는 병원 교회로부터 시작하였는데 마을 사

람들이 모이는 교회로 성장을 하였다. 목사님은 다음 세대를 교육하려는 비전을 가지고 학교를 세우고 목회자를 교육하는 신학교를 시작하였다. 말라위에는 아직도 미신과 토속 신앙의 전통이 강하게 남아있어서 기독교 복음을 받아들여도 토속 신앙과 혼합된 형태를 띤다. 예수의 복음을 듣고 회심한 성도들이 제대로 된 신학 교육 없이 쉽게 자신이 목사가 되었다고 주장하기도 한다. 그런 사람들에게 제대로 된 기독교 신학을 교육해야 한다는 사명감을 가진 목사님이다.

아내는 그 교회에서 설치한 유치원에서 아이들을 돌보는 일을 같이 하였다. 유치원 원생이 150명 정도 되는데 이들의 유니폼을 맞추어 주는 것과 학용품을 구비하는 것을 지원하였고 아이들을 위한 그네와 미끄럼틀을 설치하여 주었다. 지금은 유치원이 한 학년밖에 없지만 1년에 한 학년씩 늘려갈 계획이고 고등학교 과정까지 만드는 것이 목표이다. 개원식에 참석하여 아이들이 주님 안에서 하나님 나라를 만들어 가는 신실한 크리스천으로 건강하게 자라날 수 있도록 합심하여 뜨겁게 기도를 하였다.

무엇이든 주께 하듯이 하라고 하신 말씀을 생각한다. 무엇이든지 주님을 섬기듯이 하면 그것이 하나님께서 기뻐하시는 일이 될 것 같다. 그러면 이 사람들이 내가 하는 것을 보고 내 안에 계신 하나님을 보게 될 수 있을 것 같다. 이것이 선교라고 생각한다. 내가 할 수 있는 것으로 남에게 준다면 하나님께서 나에게 바라시고 나를 보내신 이유가 이것이 될 것 같다.

13

ANOTHER MISSION

여성 역량 개발 사업

　교회 성도들이 사는 모습을 직접 보기 위해서 이들이 사는 마을에 있는 집을 직접 목사님과 같이 심방을 하였다. 첫 번째로 방문한 집은 남편이 1년 전에 죽은 65세 된 과부의 집이었다.

　포장된 도로에서 한참 떨어져서 마른 흙먼지가 날리며 차 한 대가 겨우 지나갈 정도의 폭을 가진 울퉁불퉁한 길을 따라가다 보니 벌판에 담도 없는 흙벽돌 집이 나타났다. 과부는 겨우 세평 정도 되는, 우리나라의 원룸 주택보다도 작은 집에 살고 있었다. 흙벽돌로 쌓은 벽은 벽돌이 부서져서 벌레가 숭숭 들어갈 정도로 틈이 벌어져 있고, 짚으로 이엉을 엮어서 지붕을 얹었는데 그마저도 뚫어진 곳이 많아서 지붕을 이은 나무 들보와 서까래 사이로 하늘이 보일 정도였다. 군데군데 비닐봉지로 막아 놓았는데 비가 올 때마다 빗물이 들이쳐서 힘들다고 한다.

　집 문을 여는데 경첩이 겨우 붙어 있어서 문짝이 거의 떨어져나갈 지경이었고, 문틀도 흙벽돌과 거의 분리되어 있어서 철사로 겨우 붙여놓

앉는데 문 전체가 아예 금방이라도 떨어져 나갈 것 같은 상태였다. 바닥을 보니 흙바닥이 그대로이고 돗자리나 카펫도 깔려있지 않아서 흙먼지 투성이인 방바닥 위에서 밥도 먹고, 잠도 자며 살고 있었다. 전기도 들어오지 않아서 안으로 들어가니 대낮임에도 불구하고 옆에 누가 있는지 모를 정도로 깜깜하였다.

이들의 집은 다른 아프리카 나라들의 집과 별반 다르지 않다. 오히려 양철판과 나무로 엮어서 지은 남아공의 타운십이나 에티오피아의 빈민 지역에 비하여 벽돌로 지은 것이 나아 보이기도 한다. 그래도 사람이 어떻게 이런 집에서 생활할 수 있나 하는 의문이 든다. 우리나라 5~60년대의 움막집도 이보다는 나았을 것 같다.

두 번째로 방문한 집은 남편이 두 번 장가를 들었기 때문에 이혼한 여성의 집이었다. 크리스천으로서 두 여자를 부인으로 두는 것을 용납할 수 없었다고 한다. 손님을 맞기 위해서 그랬는지 바닥은 깨끗이 쓸려 있고 나무로 만든 작은 의자 세 개를 갖다 놓았다. 집 마당에 아무렇게나 널려져 있는 찌그러진 냄비와 조리 도구가 눈길을 끈다. 이들은 집 밖에 불을 피워서 음식을 만들고 조리를 한다. 앞마당에는 옥수수와 곡물을 말려서 저장하는 커다란 원통 모양의 사일로가 있다.

아이들이 셋 있고 큰 아들은 지금 6학년인데, 이혼하고 홀로 자녀를 키우는 게 너무 버겁다고 한다. 뒤쪽으로 가보니 물이 담긴 양동이와 서너 개의 양철 그릇, 옥수수 가루가 얇게 펴진 쟁반 같은 것이 가재도구의 전부였다. USAID라는 문구가 찍힌 자루에 담긴 옥수수 가루, 아직 털지 못하고 남은 옥수수 열매, 그리고 알 수 없는 물건들로 채워진 자루가 널려 있다. 이들의 생활을 개선시키기 위해서 해줄 수 있는 것이 별로 없고 너무 막막하여 기도밖에 할 수 있는 것이 없었다. 설탕과 옥수수 가루 한 포대를 주고 아이들을 위해서 기도하고 나왔다.

이들은 옥수수가 주된 식량이다. 옥수수 농사를 지어서 수확하여 식량으로 쓴다. 우기가 끝날 때 수확하여 말린 후에는 옥수수 열매를 털고 빻아서 주식인 시마를 만들기 위한 작업을 한다. 비료의 공급이 충분하지 않을 뿐 아니라 비료를 살만한 돈이 없기 때문에 옥수수가 잘 자라지 못해서 수확한 옥수수 열매는 매우 작았다. 작은 옥수수 열매에서 나오는 알갱이도 적어서 이것을 가지고 일 년 동안 식량으로 사용해야 하는데 그 양이 턱없이 부족하다.

그래도 이들의 표정은 어둡지 않다. 동네 아이들은 천진난만하게 뛰어놀고 철사와 나무로 장난감 차를 만들어서 놀고 있다. 장남감으로 만든 자동차는 기능이 너무나 뛰어나서 짐을 싣고 운반하는 용도로 사용되기도 한다. 이들은 작은 관심과 자극에도 웃음이 많다. 낯선 동양인을 보고 신기한 듯 주변에 우르르 몰려든다. 아숭구 아숭구를 외친다. (아숭구란 백인 또는 이방인을 가리키는 이들의 말이다.)

심방을 마치고 문득 이들을 위해서 필요한 것이 무엇일까 생각을 해

본다. 식수의 안정적 공급, 음식을 할 수 있는 연료, 보릿고개를 넘기는데 필요한 식량 등 기본적으로 생존에 필요한 것들이 채워지고 있지 못하다. 위생을 위한 수도 시설, 화장실 개선, 하수도 시설, 위생적인 쓰레기 처리 이런 것들이 필요하다. 그다음으로 경제적 수준 향상을 위한 교육, 문화생활을 위한 시스템, 전기, 이런 것이 필요하다. 이것들을 다 해결하기 위해서는 엄청난 돈이 들어갈 것이다. 한 선교사가, 한 NGO가, 한 기관이 할 수 있는 일이 아니다. 국가적인 시스템이 필요하다.

이들의 환경을 하루아침에 바꾼다는 것은 불가능하다. 그래도 이들이 더 발전할 수 있다는 희망을 주고 그 방법을 찾아주고, 이들이 그렇게 되도록 노력하는데 도움을줄 수 있다면 그것이 개인적인 수준에서 가능한 방법일 것이다.

기도하는 중에 이들에게 단순히 물질적이거나 금전적인 지원을 하는 것보다 자립할 수 있는 기반을 만들어 주는 것이 더 중요하다는 깨달음을 주셨다. 그래서 여성 역량 강화 사업을 생각하게 되었다. 이 사업은 교회를 통하여 얼마간의 적은 종잣돈을 빌려주고 이들이 비즈니스를 시작하여 경험을 쌓고, 앞으로 더 큰 비즈니스로 발전할 수 있도

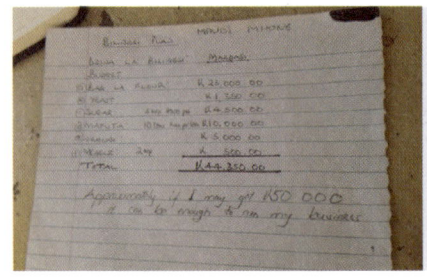

록 하는 훈련을 하고, 이들이 장사를 하여 남긴 이익으로 생활에 필요한 돈으로 사용하거나, 자본을 축적하여 사업을 더 확장할 수 있게 도와주는 것이다.

사업을 하도록 자본과 교육을 제공하고 사업을 하여 나오는 이득을 모아서 생활비로 활용하거나 자녀교육, 재투자에 사용하게 하여 돈을 계속 모으게 되는 선순환의 고리로서 작용하게 하는 것이다. 이 사업이 잘 되어서 지원을 받은 사람들이 종잣돈을 갚을 수 있게 되면 그 돈으로 다른 사람에게 지원을 하여 점점 더 많은 여성들이 일을 할 수 있는 기반을 닦는 것이 이 사업의 목적이다.

바로 실행해 옮겼다. 현지 교회의 목사님과 의논하여 교회 성도들에게 공모를 하여 몇 사람을 선정하기로 하였다. 마침 목사님의 사모님이 일에 열정을 가지고 있어서 교회의 여성들로부터 사업계획을 받아서 선발하고 비즈니스를 할 때 회계 장부 작성법이라든지 재료 조달에 관한 방법 등을 교육하는 시간을 가졌다. 성도 중에서도 형편이 매우 빈곤한 과부나 이혼녀, 남편이 있어도 에이즈나 병에 걸려서 여자 혼자서 생계를 책임져야 하는 여성을 주로 선발하였다.

선발된 사람에게 한 사람당 150달러를 지원하였는데 한꺼번에 150달러를 모두 주는것이 아니라 단계적으로 지원하고 6개월을 한 기간으로 하여 6개월 후에는 평가를 하도록 하였다. 이 프로그램을 통해서 자본에 대한 개념도 익히고, 장사나 비즈니스를 생각은 있었어도 한 번도 시도해보지 않은 사람들에게 실제로 경험할 기회를 제공한다는데 의미가 있었다고 생각한다.

계획이 실행되고 난 후 사업계획서를 모았는데 어떤 사람은 중고 의류를 도매상으로부터 받아서 시내에 가서 팔겠다고 했고, 어떤 사람은 세탁 비누를 사서 세탁을 해주는 비즈니스를 하겠다고 한다. 몇몇 사람들은 만다지 – 옥수수 가루를 반죽하여 기름에 튀긴 도넛같은 음식 –를 만들어서 노점에서 팔아서 이문을 남기겠다고 하는 사람도 있다. 어떤 여성은 생선, 쌀, 토마토 등을 시장에서 도매로 사와서 시골의 마을 사람들에게 파는 장사를 하겠다고 한다. 사실 이들은 장사에 대한 경험이 없어서 시세와 원가와 이익에 대한 개념이 없었다. 계획을 세울 때 목사님 사모님과 같이 시장에 가서 실제로 유통되는 가격을 알아보고 이익을 낼 수 있는 좋은 가격으로 사도록 지도하였다. 사업을 본격적으로 시작하기 전에 장사 방법, 회계장부 정리 방법 등을 교육하였다.

이렇게 모두 17명의 여성을 선정하였다. 6개월 후에 이들이 비즈니스를 얼마나 잘했는지 확인할 계획으로 시작하였다. 아직은 눈에 띄는 효과는 없다. 그러나 이들이 작은 비즈니스를 시작할 용기를 갖게 하고 경험을 쌓을 수 있어서 이들 중에서 소수라도 자립할 수 있는 기반을 만들어 줄 수 있으면 더 바랄 것이 없겠다.

14

ANOTHER MISSION

우분투, I am because you are

12 흑암 중에서 주의 기적과 잊음의 땅에서 주의 공의를 알 수 있으리이까
14 여호와여 어찌하여 나의 영혼을 버리시며
어찌하여 주의 얼굴을 내게서 숨기시나이까(시 88:12-14)

릴롱궤에서 차로 1시간 거리에 있는 잘레카라는 곳에 주변 나라에서 온 난민을 수용하는 난민촌이 있다. 말라위 정부가 땅을 제공하고 유엔난민고등판무관(UNHCR)이 운영하는 난민촌이다. 말라위는 전쟁이 없는 나라이지만 주변의 콩고, 에티오피아, 소말리아, 우간다 같은 나라에서 온 약 4만 명의 난민이 이곳에서 살고 있다고 한다. 풀이 거의 없는 땅에 흙으로 벽을 치고 짚으로 지붕을 얹은 집들이 다닥다닥 붙어 있다.

그런 난민촌의 어린이들에게 치약과 칫솔을 나누어 주고 이닦기 시범을 보이는 행사가 있어서 참여하였다. 행사 주최는 여기에서 치과 의료 선교사로 사역하고 있는 한국인 선교사가 주관한 행사였다. 치과

선교사와 같이 가서 헬스센터도 돌아보고 앞으로 지어질 치과클리닉 부지도 둘러보았다.

바람이 조금만 불어도 모래 먼지가 자욱이 날리고 눈 속을 파고드는 먼지가 따갑고 입 속으로 모래가 들어온다. 코 주변에 붉은 흙먼지가 소복이 쌓인다. 휴지로 닦아내면 붉은 먼지가 씻겨져 나온다. 이런 땅에도 아이들은 아랑곳하지 않고 먼지를 뽀얗게 뒤집어쓰며 노는데 정신이 없다. 수백 명 정도 되는 아이들을 모아 놓고 한국과 미국에서 온 봉사자들과 난민촌 출신의 크리스천 청년들이 열심히 칫솔질하는 법을 가르치고 치약과 칫솔을 나눠주는 시간을 가졌다.

국경을 넘는다고 바로 난민으로 인정받아서 여기에 들어와 살 수 있는 건 아니다. 여러 절차를 거쳐야 난민촌에 수용될 수 있다. 황량하고 먼지만 날리는 곳이지만 이곳에서 판잣집을 짓고 사는 사람들은 그래도 운이 좋은 편에 속한다. 그래도 남아공 케이프타운에서 보았던 타운십이나 탄자니아의 아루샤에서 본 에이즈에 걸린 엄마가 아이들을 데리고 사는 동네보다는 나은 환경인 것 같다. 난민촌 내에는 시장도 있고 근사하게 간판을 그려 놓은 환전소, 식당, 옷가게, 쌀가게 같은 매장이 길을 따라서 빼곡이 늘어서 있다.

난민촌에선 마땅한 일이 없고 그렇다고 이들이 밖에 나가서 직장을 구하거나 사업을 할 수도 없다. 이들의 가장 큰 바람은 여기에 있다가 자기가 가고 싶은 나라로 가는 것이다. 미국이나 호주나 유럽으로 가는 것이 제1순위이다. 그러나 그런 기회를 얻기란 쉽지 않다. 4만 명의 난민 중에 매년 해외로 정착 허가를 받아서 가는 경우는 4백여 명밖에 되지 않는다고 한다. 어떤 사람은 20여 년을 난민 상태로 있다고도 한다.

브라질에서 파견한 NGO에서 난민을 위한 학교를 만드는 사역을 활발하게 하고 있었는데 책임을 맡고 있는 스페인 출신의 젊은 여자 선생을 만났다. 그녀는 화장실도 변변치 않고 세수나 샤워를 할 시설도 전무하고 식사를 할 키친도 없는 방 한 칸을 얻어서 살면서 열심히 아이들을 위해서 즐겁게 사역하고 있는 모습이 감동적이다.

이 NGO와 같이 사역하는 콩고 출신의 크리스천 난민 청년들을 따라서 난민촌 교회의 예배에도 참석하였다. 자기들도 난민으로 와서 살면서 교회도 개척하고, 이웃을 돕고, 어린이들을 위하여 학교를 세우는 사역을 하는 것을 보고 감동을 받았다. 신실한 크리스천들이고 자기 고향을 떠난 사람들을 위하여 열심히 돕는 일을 한다. 청년들의 표정이 한없이 즐거워 보인다. 그들이 준비한 점심 대접을 받아서 놀랍고 감사했다.

이들의 구호는 우분투이다. 스와힐리어로 '우리가 있어서 내가 있다(I am because we are)'라는 뜻이라고 한다 (2019.8.1)

15

ANOTHER MISSION

천사 선교사와 선교병원의 현실

말라위에는 전설적인 간호사 선교사 한 분이 계시다. 30여 년 전 처음 말라위에 발을 디딘 후 말라위의 딸이 되었다. 한국에서 태어나서 자란 기간보다 말라위에서 산 기간이 더 오래된 분이다. 전 세계에서 가장 가난하고, 마을에는 굶어 죽는 사람이 널렸고, 병원 가는 것은 엄두도 내지 못하는 사람들을 살리고자 간호사 의료선교사로서 헌신을 하고 계셨다.

선교사는 말라위 중부의 작은 도시에서 교단 소속의 선교병원에서 간호사로 일하는 것으로 사역을 시작하였다. 그러다가 병원에서 간호사로서 일하는 것이 자신이 평소에 가지고 있던 비전인 현장에서 현지 사람들과 사이에서 부대끼며 생활하는 선교사로서의 사명과 잘 맞지 않는 것 같아서 자신이 독자적으로 운영할 수 있는 클리닉을 소망하게 된다. 그래서 병원을 나와서 릴롱궤 교외에서 병원비와 약값을 받지 않는 작은 클리닉을 시작하였다.

말라위는 '아프리카의 따뜻한 심장'이라는 별명이 있다. 그처럼 사람들의 심성이 따뜻하고 선하다. 그러나 절대적으로 가난하기 때문에 먹는 것, 입는 것과 사는 것이 참 어렵다. 특히 아파도 돈이 없어서 병원에 잘 가지 못한다. 아무리 국가에서 무상으로 치료를 해준다고 하여도 병원에 가도 의사가 없고, 준비된 약이 없어서 약을 사야 하고 처치를 위해서 진료 재료를 직접 사서 가야 하는 일이 다반사라 병원에 가는 것조차 버거워한다. 그래서 제때 병을 발견할 수 없고, 병이 있다는 것을 알아도 치료를 계속할 수 없다.

가난하고 병원에 가는 것도 힘들어하는 이웃들이 있는 곳에 이 선교사는 식량을 지원하고, 교회를 세우고, 유치원을 짓고, 클리닉을 열었다. 교회의 성도가 늘어나고 클리닉이 활성화되어 환자도 많이 오게 되고 더 오지로 의료봉사를 나가서 평생 의사 구경도 하지 못하던 사람들을 만나 아픈 곳을 만져주고 약도 무료로 주니 사람들 사이에서 평판도 높아지고, 결국 마을이 살아나게 되는 기적이 일어났다.

현지의 신학생을 한국에 유학을 보내고 여러 명의 젊은 간호사와 의료기사들을 교육시키기 시작하였다. 그리고 더 많은 사람들을 치료하기 위해서 선교사는 클리닉의 한계를 뛰어넘는 더 좋은 시설을 갖춘, 어려운 치료가 가능한 선교병원을 꿈꾸게 된다. 그러다가 마침 하나님이 예비하신 아프리카에 후원하기를 원하는 기업가를 만나게 되었다. 작은 체구의 혈혈단신 간호사 선교사의 사역에 감동한 후원자가 당시 급히 필요한 약품 구입비를 지원한 것을 계기로 선교사는 하나님의 천사와도 같은 후원자를 얻게 되었다.

그런 선교사의 기도는 후원자의 전폭적인 지원으로 결실을 맺게 되는 응답을 받게 되었다. 이렇게 세워진 병원은 릴롱궤에서 가장 시설이 좋은 병원, 가장 장비가 좋은 병원, 가장 일하고 싶은 병원이 되었다. 직원들의 사기도 높았고 선교병원이라는 취지에 걸맞게 무료로 운영하는 병원이다 보니 환자들과 지역주민들 사이에서 평판이 높아지고, 정부에서도 대통령이 직접 나서서 관심을 보이는 정도가 되었다.

그렇게 한국, 미국 그리고 전 세계에서 점점 더 많은 의료 선교사들이 모여들기 시작하였다. 그들이 장기와 단기로 사역하면서 병원의 질을 높였고 한국과 미국에서도 여러 교회들과 후원단체들도 적극적으로 여러 교수요원, 의료인력과 물자들을 지원하였다.

구한말 우리나라에 온 선교사들이 먼저 한 일이 복음 전파와 더불어 학교를 세웠듯이 이 선교사는 이 나라를 이끌어가고 국민들을 보살필 의료인력을 키우는 것을 무엇보다도 중요하게 생각하고 간호대학을 설립하려는 꿈을 꾸게 된다. 몇 년 지나지 않아서 그 꿈이 실현되었다. 간호대학이 세워지게 되고 한국에서 은퇴한 교수님이 합류하여 학장으로 일하면서 간호대를 본궤도에 올려놓게 된다.

의과 대학도 세워져서 학생을 선발하였는데 병원이 아직 수련 병원으로서의 체계를 갖추지 못하였고 의대 학생을 가르칠 교수 요원이 없어서 국립대학에 위탁교육을 시작하였다. 조직이 커가고 사업이 확장되니 많은 기대를 모으는 상황이 되었지만 한편으로는 무료 진료로 인한 재정 부담이 누적되고 사업이 확장되고 복잡해짐에 따르는 조직 관리와 운영의 방향성에 대한 어려움이 생기기 시작하였다.

아프리카의 많은 선교병원들의 현실은 녹록치 않다. 백 년 이상 된 선교병원들이 지금은 대부분 문을 닫거나 겨우 명맥을 유지하고 있다.

이 병원들이 처음 세워질 때에는 유럽이나 미국 등의 넉넉한 후원으로 운영되었다. 과거, 정부가 의료서비스를 제대로 제공할 수 없었던 때에는 선교병원들이 양질의 의료서비스와 약품을 무료나 저렴한 가격으로 제공할 수 있어서 사회 안전망 구실을 하였다.

100여 년이 지난 지금은 대부분 아프리카 국가들도 필수 의료서비스는 국가가 어느정도 감당하고 있다. 에이즈, 결핵, 말라리아 콜레라 같은 감염병들은 국가의 관리 시스템 안에 들어와 있고, 국가 차원에서 무료로 제공되는 의료 서비스와 의약품의 제공으로 감당하고 있다.

선교병원이 감당하던 일차 의료의 많은 부분을 정부의 의료 시스템이 제공하게 되니 점차 구제 기관으로서 선교병원의 역할이 축소되고 있다. 그렇다고 2, 3차 의료기관의 역할을 담당하여 정부 기관이 제공하지 못하는 진전된 의료를 제공하기 위해서는 좀 더 많은 자원이 필요하고 선진 기술로 훈련된 전문인력도 필요하다. 한 차원 높은 수준의 의료를 제공하기 위해서는 많은 자원이 투입되어야 하고 끊임없는 외부의 지원이 필요하므로 선교병원도 더 이상 무료로 운영할 수 없게 되는 딜레마에 빠지게 되었다.

지금의 현실에서 선교병원은 무한정 후원이 들어오지 않는 한 높은 수준의 의료서비스를 제공하면서 낮은 가격을 유지하는 것은 결국은 한계에 부딪칠 수밖에 없다. 대부분 100년 이상 된 선교병원들이 경영난에 빠져서 존재가 미미해지고 도태되는 이유이다.

병원의 규모가 커지게 되면 첨단 내지는 발전된 현대적 병원을 운영하겠다는 포부가 생기게 된다. 현대적 장비를 구비해야 하고 투입해야 하는 비용도 많아지고 직원도 많이 뽑아야 한다. 현지 직원들은 적절한 보수를 지급해야 하고 외부에서 들어오는 전문가들에게도 활동할 수 있게 어느 정도 보상을 해주어야 한다. 수익성을 가지기 위해서는 적절한 수가 책정, 시설과 장비에 대한 재투자, 직원에 대한 보상체계, 경영방식이 필요하다. 과거와 같이 후원금에 전적으로 의존하는 무료병원으로는 그 목적을 달성하기 어렵다.

이때부터 선교병원의 정체성에 대한 문제가 대두된다. 자선을 위한 무료 선교병원인지 아니면 운영 자금을 환자들이 내는 의료비로 일부 충당하는 사설 병원으로 운영할 것인지에 대한 정체성의 혼란을 겪게 된다.

선교 자선병원으로 계속 운영할 것인지 아니면 수준 높은 종합병원 또는 교육병원으로 갈 것인지 결정을 해야 한다. 종합병원 또는 교육병원이 되는 경우 우수한 의료진과 전문의를 확보하는 것이 필요하다. 우수한 의료진으로 질 좋은 의료를 제공하게 되면 병원의 경영에도 일조하게 될 것이다. 자선병원에 머물려고 한다면 큰 규모의 캠퍼스는 필요하지 않고 일차나 이차 의료기관의 역할에 만족해야 할 것이다. 이 경우 생존을 위해서 후원에 의존해야 할 것이다.

정체성의 혼란을 겪는 정체된 지금의 병원의 모습은 하나님께서 시련을 통해서 준비시키는 기간이라고 생각이 된다. '뱀처럼 지혜롭게 비둘기처럼 순수하게'라는 말씀처럼 어려운 갈림길에 놓인 현실을 잘 헤쳐 나가야 한다. 이 위기를 이겨내고 선교적마인드를 가진 수준 높은 교육병원으로 자리매김할 수 있기를 기도한다.

16

ANOTHER MISSION

보았는가 그대는

보았는가 그대는

따뜻한 심장이 떠오르는

안개가 피어나는 아침을

보았는가 그대는

둘러앉아 옥수수를 떠는

여인들의 행복한 얼굴을

보았는가 그대는

차가운 병실 바닥에서 젖을 물리며

죽어가는 아이를 달래는 아낙을

보았는가 그대는

안타까이 보시는

눈물을 흘리시는

주님을

보았는가 그대는

새로운 땅, 새로운 학교, 새로운 병원을

새로운 세대를

그분의 사랑을

(2016.7.26 말라위 로제타홀 비전트립 중)

17

ANOTHER MISSION

말라위 사람들의 멘탈리티

"우리가 돈이 없지 가오가 없냐?" (영화 베테랑, 2015)

말라위에 딱 들어맞는 말이다.

말라위는 매우 평화로운 나라이다. 내전도 없고, 지역이 남북으로 길어서 50개의 언어와 생김새가 다른 부족이 있고 지방색은 있으나 주민들끼리 종교로 인한, 또는 자원을 놓고 다투는 무장투쟁은 없다. 정치적 견해를 달리하는 당파들끼리도 큰 폭력적인 분규가 없이 사회가 안정적으로 유지되고 있다. 물론 십여 년 전에 몇 차례의 시위에서 경찰의 발포로 인하여 많은 사람들이 죽은 경우도 있었지만 이 사람들은 그런 사건들에 비교적 조용히 넘어가곤 하였다.[4]

여기서는 시위를 하면 처음에는 축제 분위기를 띈다. 주최측이 현장 통제를 하는 경우 많은 사람들이 모여서 노래를 부르고 춤도 추면

---

4 https://www.refworld.org/docid/4e4cd1d72.html

서 즐겁게 시위를 하고 행진을 한다. 여기 경찰은 이런 대규모의 시위에 대비하도록 잘 훈련되지도 않았고 인력과 물자가 거기에 맞도록 준비되지도 않았으므로 효과적인 시위 진압에 어려움을 겪고 있다. 그렇지만 이 나라는 시위가 자주 일어나는 상황도 아니므로 우리나라 같이 시위 진압을 위한 별도의 경찰 병력을 항시 유지하는 것도 예산의 낭비일 것이다.

대통령 선거가 끝나고 그 결과에 대한 불만을 표현하는 과정에서 말라위 사람들의 사고방식과 성격을 알 수 있는 기회가 있었다. 2019년 5월 21일, 말라위 대통령 선거가 있었다. 3명의 유력한 후보자가 출마하였는데 이들은 현 대통령인 피터 무타리카, 무타리카 정부에서 부통령을 하다가 선거 직전 사임하고 야당을 만들어서 출마한 사울로시 칠리마, 그리고 또 다른 야당인 MCP의 라자루스 차크웨라 등이다. 처음 개표 때는 우열을 가릴 수 없다가 근 일주일이 지나서야 최종 집계가 발표되었다. 현 대통령이 38%의 지지율로 당선된 것으로 발표를 하자 많은 사람들이 부정선거라고 반발을 하였다.

개표는 각 지역의 개표소에서 투표지를 수작업으로 세고 결과를 적고 그것을 중앙선관위로 전달하는데 지역적인 거리가 있으니 시간이 걸리게 된다. 그래서 일주일이 지나고 나서야 겨우 결과가 발표되었다. 그것도 초반에는 무타리카 현직 대통령이 지고 있다가 막판에 근소한 차이로 뒤집히는 결과가 발표되었다. 야당은 각 지역 개표소에서 개표하고 그 결과를 수작업으로 기록하여 취합하는 과정에서 이미 기록된 표 숫자를 수정액으로 지우고 다시 쓴 것이 너무나 많이 발견되어 득표수를 조작했다고 주장하였다.

이 나라 사람들의 부정 선거에 대한 항의의 표적이 특이하다. 당선된 대통령을 물러나라고 하는 것이 아니라 선거를 관리한 선거관리위원장을 물러나라고 하는 것이다. 선거관리위원장이 선거 관리 과정에서 책무를 제대로 수행하지 못하였다고 하여 그것을 이유로 선거관리위원장직에서 물러나라고 한다. 당선된 현재의 대통령이 부정을 저지른 주범이 아니라 선관위의 업무처리의 잘못을 재판의 초점으로 삼았다는 것이 특이하다. 선거 과정의 부정을 해결하지 않고 당선 공고를 했다는 것이 이유이다. 사뭇 합리적인 것처럼 보이기도 하고, 어떻게 보면 맥을 잘못 짚은 것 같아 보이기도 하다. 그럼에도 불구하고 신임 대통령은 이미 임기를 시작하여 행정부를 장악해 나가고 있다.

말라위 사람들은 문제의 해결책을 사람이 아니라 하나님께 모든 것을 돌린다. 한국사람들과 말라위 사람들이 협력할 때 한국사람들의 독선적이고 급한 면이 많이 드러난다. 일이 잘 진척이 안 될 때 조급하고 답답한 마음에 화를 내고 신경질을 부리는 경우가 있어서 갈등이 생긴다. 그래도 말라위 사람들은 평화를 유지하려고 한다. 하나님께 모든 것을 의지하는 그들의 태도는 선교 사역 현장에서나 정치적인 문제를 대처하는 방법에서나 본받을 점이 많다.

하여간 대통령이 선출되고 그때부터 일주일이 멀다 하고 데모가 시작되었다. 데모를 하면 미리 일주일 전에 진행코스와 시간을 공지한다. 정부가 데모를 막으려고 금지명령을 내리면 이들은 법원에 정부의 금지 명령을 취소해 달라는 가처분 신청을 낸다. 그리고 그 가처분 신청은 대부분 법원에 의해서 받아들여진다. 참 민주적이고 법치를 존중하는 사람들이다. 그러나 데모가 일단 시작되면 많은 사람이 모여서 흥분하게 되고 무질서해진다. 시작하고 집행부가 통제를 하는 동안에는 질서 있게 진행하고 춤도 추면서 즐겁게 행진을 한다. 두세 사람만 모이면 음악과 춤으로 흥을 돋우는 것이 이 사람들의 특징이다. 그러나 데모가 항상 그렇듯 집회의 후반으로 갈수록 시위대가 흥분하면서 집행부가 통제할 수 없는 돌발 상황이 발생한다. 많은 사람들이 모이면 군중심리에 흥분하기도 하고, 이때 타이어를 불에 태우는 행동은 매우 폭력적이다.

시위 때마다 등장하는 타이어 태우기, 도로 봉쇄, 지나가는 차량에 돌 던지기는 항상 반복된다. 시위라는 것이 원래 사람들의 관심을 끌어서 위세를 보이고 자신들의 불만을 호소하고 요구를 관철시키려는 목적이 있기 때문에 어느 정도 불편을 초래하게 하는 것이 시위의 본질이기도 하다. 이들의 생각과 기준으로는 타이어를 태우고 도로를 봉쇄하는 것이 자신들의 의사를 일반사람들에게 전달하는 수단이라고 생각하겠지만 그로 인해서 많은 불편이 초래하는 것에는 아랑곳하지 않는다.

처음에는 시위를 평화적으로 하겠다고 약속을 하고 시작하지만 일단 시위가 시작되면 쉽게 시위대와 경찰이 충돌한다. 경찰력이 약하기 때문에 많은 군중이 모이면 최루탄을 쏘고 실탄을 발포까지 하는 상황으로 진전되기도 한다.

그러나 요즘 들어서 사람들의 시위에 대한 태도와 양상이 달라지고 있다. 경찰의 진압을 무서워하지도 않고 오히려 경찰을 공격하는 경우도 나오고 있다. 한번 군중심리에 휩쓸리다 보면 경찰차를 불태우거나 경찰관의 집을 불태우는 등 린치 수준의 보복행동을 한다. 릴롱궤 변두리 마을에서는 시위 진압을 하던 경찰이 시위대가 던진 돌에 맞아서 사망하는 불행한 일이 일어났다.

이런 상황에 이제는 매번 시위 때마다 군대가 출동하여 시위대를 호위(?)하고 있다.

군대가 정부 편에서 질서 유지를 하는 것인지, 시위대 편에서 정부를 압박하고 경찰의 진압을 방해하는 것인지 헷갈린다. 심지어는 최루탄을 쏘고 곤봉으로 시위대를 해산하던 경찰병력을 군인들이 폭행하여 진압을 방해하는 일도 일어났다고 한다. 또 데모대의 문제는 해산할 때 발생한다. 흩어지는 과정에서 아직도 흥분을 가라앉히지 못한 시위대의 일부가 폭력적으로 변하여 지나가는 차량에 돌을 던지기도 하고 심한 경우에는 인적이 드문 길에서 많은 사람들이 갑자기 나타나서 도로를 막고 위협을 하면서 돈을 요구하는 일도 다반사이다.

심지어는 지나가는 길에 있는 상점에 군중이 침입하여 매장의 상품을 약탈하고 기물을 파손하는 행위가 자주 벌어진다. 수퍼마켓의 진열대에 있는 물건을 싹 쓸어가는 모습들이 CCTV에 고스란히 찍혀서 방송된다. 그 다음부터는 상점주인들이 나무 판자로 진열대 전체를 막아 버리는 보호장치를 하게 되었다. 그 후로는 거리의 풍경이 더 을씨년스러워진다. 이런 것들이 그들 시위의 정당성과 순수성을 훼손한다.

데모를 하는 날은 아예 밖에 나가지 않고 집에만 있거나 부득이 출근해야 하는 경우에는 데모대를 피하여 이리저리 퇴근 코스를 잡느라고 헤매었다. 도로의 요소요소에는 군과 경찰이 장갑차를 대놓고 대기하고 있고, 트럭에는 완전 무장하고 총을 들고 철모에는 풀로 위장을 한 군인들이 타고 경비를 서고 있다. 선거 무효를 주장하는 재판이 진행되는 여러 달 동안 시위가 이어졌다. 10월 들어서는 거의 매주 시위가 있었고 사흘간 연속해서 시위가 있는 경우도 있었다. 이런 정치적 혼란 가운데서도 군대는 중립을 지키고 있다. 이 나라 사람들의 군대에 대한 신뢰도는 매우 높다.

마침내 2020년 2월 3일, 말라위 역사상 중요한 결정이 내려졌다. 말라위 헌법재판소의 역할을 하는 고등법원의 재판관들은 지난 2019년 5월에 있었던 대통령 선거는 '매우 많은 불법성 때문에 선거 개표 결과를 무효화한다' 라는 결정을 내려서 선거가 부정한 방법으로 치러졌다고 주장하는 청원자들의 손을 들어주었다. 판사들은 선거관리위원회(Malawi Electoral Commission, MEC)가 헌법을 위반하였다고 판단하고, 이에 따라 피터 무타리카는 적법하게 선출되지 않았으므로 선거는 무효로 할 것을 명령한다고 하였다.

이 판결의 특이한 것은 이 판결 결과로 대통령이 부재한 상태가 되는 것이 아니라 대통령직은 2019년 5월 이전의 상태로 되돌아가야 한다는 점이었다. 이로써 현 통치권자는 전임 대통령 피터 무타리카, 전임 부통령 칠리마가 다음 선거때까지 직을 수행하게 되었다. 전임 대통령이지만 임기가 연장된 대통령과 불법적으로 당선된 대통령 당선인이 동일 인물인 이상한 상태가 한동안 계속되었다.

또 하나 말라위 사람들의 법치 정신과 절차의 정당성을 확보하려는 민주적인 마인드는 코비드 팬데믹 때에 또 드러났다. 말라위도 코로나를 피해가지는 못하였다. 코로나로 폐쇄(락다운)를 한다고 하니, 거리로 쏟아져나와서 굶어 죽느니 차라리 코로나로 죽겠다고 시위를 한다. 법원에 정부가 선언한 락다운을 중지시켜 달라는 가처분을 제기하면 법원은 그 청원을 받아들여 준다.

정부가 이런 시급한 상황에서 행정명령으로 락다운을 하려고 해도 국민들이 반발하여 법원에 소송을 제기하면 또 그것이 받아들여지기 때문에 시의적절한 조치를 하지 못하는 일이 벌어진다. 어떻게 보면 황당한 일이지만 그만큼 민주적 절차를 존중하는 국민이고 그 절차를 존중하는 민주적 정부임이 증명되었다. 락다운이 시행되려면 대법원까지 가서 판결을 받아야 한다. 안될 수도 있고 설사 허용한다는 판결이 나오더라도 그때가 되면 시간이 너무 많이 지나서 락다운이 무용지물이 된 뒤일 것이다. 그동안 락다운을 하지 못함으로 코로나가 더 확산되는데 대한 우려가 있지만 정부도 마음대로 하지 못하는 이 나라 사람들의 멘탈리티는 존경스럽다.

새로운 선거가 2020년 7월 2일에 실시된다는 공고가 발표되었다. 선거 운동이 시작되었다. 현 대통령도 순순히 그 판결을 수용하는 것을 보면 매우 민주적이고 법치가 잘 지켜지고 있는 나라이다. 이번에는 야권후보의 단일화를 이루어서 야당 후보가 승리하여 새 대통령으로 취임하였다. 코로나가 아직 끝나지 않은 상황에서 선거가 폭력을 초래하지 않고 전염병이 창궐한 사태를 악화시키지 않으면서 민의가 잘 반영된 선거라고 생각된다. 말라위 사람들의 위대함이 드러나는 과정이었다.

ANOTHER MISSION
어나더 미션

PART. 3
은혜
(Chisomo)

1
ANOTHER MISSION

잠베지 강은 生命을 품고

검은 잠베지 강은 검은 흙을 쌓는다.

검은 흙은 검은 생명을 품는다.

검은 것은 생명의 色,

검은 코끼리, 검은 하마, 검은 버팔로…

그 때 리빙스턴 선교사가 서 있던 자리

우리도 서 있다.

밑동이 부러진 枯死木, 방치된 버팔로의 시체, 아기 코끼리의 骸骨,

그 사이로 맥팔라는 뛰고, 기린은 사랑을 나눈다.

도도한 바오밥 나무는 기품 있는 여인의 자태.

물가엔 하마가 바위처럼 버티고

할머니 코끼리는 딸들과 손녀들을 이끌고

석양의 잠베지를 건너 풀 많은 섬으로 인도한다.

人生은 검은 강 같아서 우리는 모르나 주님은 아신다.

우리 사랑의 熱病을 앓는 사람아

같이 건너자.

주님이 부르시는 곳, 푸른 초장이 있는 곳으로

대장 예수의 인도하심을 따라 이 강을 건너자.

캠코더는 강물에 빠트리고

폭포를, 석양을, 쌍무지개를, 아이들의 눈망울을 가슴에 담자.

기억이 흐려지기 前에 다시 올 수 있도록…

(2013.8.10. 에티오피아, 말라위, 잠비아, 짐바브웨 리빙스턴 Medical Vision Trip 중)

아프리카는 검은 대륙이라고 말한다. 거기에 사는 사람들이 검기 때문이기도 하고 근세기까지 세계인들, 특히 유럽인들에게 잘 알려지지 않아서 미지의 땅이라는 의미로 검은 대륙이라고 하였다. 그러나 하늘 아래 새로운 것이 어디에 있던가 하나님 앞에는 이미 모두가 알려진 것이고 우리가 모르고 있었을 뿐이다. 그래서 Mosi-oa-Tunya[1]를 '발견하였다'고 하는 것은 자신의 무지를 드러낼 뿐이다.

---

[1] Mosi-oa-Tunya. 아프리카 동남부를 가로지르는 잠베지 강에 있는 폭포. 짐바브웨와 잠비아의 국경에 위치하며 리빙스턴 선교사가 1855년에 유럽인으로는 처음으로 발견하여 빅토리아 폭포라고 명명하여 유럽에는 이 이름으로 알려졌다. 모시-오아-투냐는 현지 사람들이 부르는 이름으로 '천둥치는 연기'라는 뜻이다.

2

ANOTHER MISSION

선생 노릇의 위험성

내 형제들아 너희는 선생된 우리가 더 큰 심판을 받을 줄 알고
선생이 많이 되지 말라 (야고보서 3:1)

　말라위에서 우리 부부가 정착할 때 물심양면으로 도움을 주신 현지 교민 부부가 계신다. 그분은 칠순이 넘으신 분으로 1970년 말라위에서 한국의 건설회사가 도로를 닦을 때 건설 기술자로 와서 거의 50여 년을 말라위에서 터를 닦고 사신 분이다. 말라위에는 이렇게 70년대 월남전, 중동 건설 붐이 있을 때 아프리카에 진출한 건설 기술자로 정착한 분들이 많다.

　이분은 한국에서 대학을 나오고 공무원 생활을 거쳐서 당시 빈곤한 한국으로부터 더 나은 생활에 대한 희망을 찾기 위해서 해외로 눈을 돌린 선구자라고 할 수 있다. 이분들이 한국의 경제발전에 기여하였고 우여곡절 끝에 이 땅에 남아서 지금까지 그 터를 일구었다. 그리고 또 다른 성공 스토리를 쓴 분들이다. 자녀들은 모두 장성하여 세계 각지

에 흩어져서 그 사회에서 자리를 잡고 근면함과 강인한 생활력으로 한국인의 우수성을 보여주고 있다.

이분은 우연히도 고향이 나와 같은 강원도였는데, 이처럼 여러 공통점을 같이 공유하고 있어서 16년의 나이 차를 쉽게 뛰어넘어 삼촌처럼, 형님처럼, 친구처럼 의지하고 도움을 받을 수 있었다. 사장님은 말라위에 오는 젊은(?) 사람들이 너무도 신기하고 고맙다고 하신다.

40여년 동안을 한국 사람들이 거의 찾아오지 않는 아프리카에서 현지인과 외국인을 대상으로 식당과 건축일을 하면서 생활의 터를 닦아오신 분이기 때문에 사람에 대한 그리움, 한국에 대한 관심, 말라위 생활에 대한 불안감 등을 복합적으로 가지고 계신다. 특히 한국 선교사들을 많이 도와주셨는데 한국에서 많은 것을 내려놓고 말라위 사람들을 위해서 헌신하는 모습을 보니 감동을 받는다고 하신다.

이분이 존경하는 분 가운데 한국에서 간호대 교수를 하시다가 정년 퇴직 후에 선교 병원의 간호사들을 교육시키고 갓 만들어진 간호대를 본 궤도에 정착시키기 위해서 의료와 교육 선교사로 헌신하신 노교수가 계신다.

그분은 정년퇴직하자마자 말라위를 위하여 만사를 제쳐놓고 오셔서 간호대가 수준 높은 교육을 할 수 있도록 도와주었고, 그 나라에서 우수한 학생들이 입학하기 원하는 그런 간호대로 도약할 수 있게 성장시키신 분이다. 그분이 사역하시는 중에 백혈병을 얻으셔서 할 일이 많은 데도 안타깝게 소천하신 것을 아쉬워하여 그 사장님 부부는 남아공의 경치가 좋은 해변에 교수님을 기념하는 벤치를 기증하셨다.

해외에 나와 있는 이민자들은 보통 교회에 나가고 하나님을 믿는 사람이 많은데 사장님은 성격이 완고하고 이성적으로 이해되지 않는 것은 받아들이지 않는 전형적인 유교적인 한국인의 태도를 보이시는 분이다. 그동안 많은 목사, 신부, 선교사들과 교류도 하고 그들을 도와주었고 도움을 받은 사람들이 사장님께 하나님에 대해서 예수 구원에 대해서 알려드리려고 노력을 했지만 이성이라는 벽에 부딪혀서 마음을 녹여내는데는 성공하지 못했다.

말라위에 정착을 하는 과정에 사장님 댁에서 한동안 같이 생활을 하였다. 정부에서 집을 배정해 주기로 했지만 집 계약이 원활히 되지 않아서 호텔을 전전해야 할 상황이었는데 고맙게도 사장님께서 흔쾌히 우리가 잠시 더부살이하는 것을 허락하셨다. 이 고마움은 우리가 평생 잊을 수 없을 것이다. 그리고 또 하나 고마운 것은 사장님 내외분이 식사 시간이면 꼭 식기도(食新禱)를 나에게 부탁하는 것이었다.

사장님은 예수를 믿지는 않지만 많은 선교사들이 말라위에서 와서 헌신하는 것에 대해서 왜 이 사람들이 한국에 편안히 있지 않고 말라위까지 와서 고생을 사서 하는가에 대한 관심이 많으셨고 존경한다고 하신다. 그래서 그들이 믿는 하나님, 그들을 움직이고 있는 예수라는 존재에 대해서 궁금해하셨고, 신의 존재에 대해서 어렴풋이나마 인정하고 알고 싶어하셨다.

사장님과 사모님은 선교사들이나 말라위로 오는 기독교인들에 대해서 어떻게 그런 믿음을 가지게 되었는지에 대해서 궁금해하기도 했고 부러워하기도 하셨다. 이분들은 정말 기회가 없어서 그렇지 성경을 잘 풀어드리면 믿음을 가질 수 있겠다 싶어서 우리가 있는 동안 성경 읽기와 공부를 같이 하기로 했다.

성경을 읽을 때 복음서를 먼저 읽을까 구약을 읽을까 고민했지만 아무래도 천지가 왜, 어떻게 생기기 시작했고, 인간이 무엇이고 인간의 본질과 구원의 필요성에 대해서 설명하려면 창세기부터 읽는 것이 좋을 것 같아서 창세기 1장부터 시작하였다. 매일 하기가 벅차 일주일에 한 번 읽었는데 한 시간 정도가 지나면 모두들 피곤해져서 꾸벅꾸벅 졸기 시작한다.

성경을 읽는 동안 간혹 하시는 질문은 '창세기는 역사의 기록이지 교훈을 얘기하는 것은 아니다.'라고 하신다. 사장님은 '내가 법대로 잘 살면서 도덕적으로 남에게 폐를 안 끼치고 성경에 나오는 교훈을 잘 지키면 종교가 가진 목적을 달성하는 것'이라고 주장하신다. 그러면서 그런 것들이 성경에 나와있지 않느냐고 기대하신다. 그런데 그런 기대를 하고 성경을 읽지만 성경을 읽으니 교훈적이 내용은 없고, 형제를 속이고, 다툼과 싸움하는 일만 기록이 되어 있다고 배울 점이 무엇이 있느냐고 의문을 제기하신다.

설명을 어떻게 해야 할지 난감하다. 역사적 사건들을 기록했지만 하나님의 약속의 말씀이 들어 있다고 설명을 하자 그것조차도 이해할 수 없다는 기색이다. 예수님이 오시기로 된 것이 약속의 형태로 예언되어 있다고 설명을 하는데 요령부득하다. 내가 이해하고 있고 알고 있는 지식을 내가 할 수 있는 방법으로 최대한 전달을 하려고 하는데 나는 성경에 대한, 신학에 대한 배움이 짧아서 의문점을 다 설명하기가 어렵다. 나의 설명이 성경의 해석을 자의적으로 하는 것은 아닌지 두려움이 들기도 한다.

당신도 지나온 세월을 돌아보면 감사할 일이 많다고 고백하신다. 어려운 시간들도 있었지만 그럴 때마다 무탈하게 지낼 수 있었다고 하신다. 예를 들면 집을 새로 건축할 때 벽돌 값이 모자라게 되면 수영장을 파달라는 주문이 몇 개씩 들어와서 그것을 충당할 수 있었다는 말씀도 하신다. 그것들이 자기가 잘했기 때문에 온 것이라고 생각하지 않고 나에게 굴러들어온 복이라고 생각하신다.

나는 그 고백이 어렴풋이나마 절대자에 대한 신앙고백이 되고, 그 모든 과정을 하나님이 하셨고 또 하나님께서 함께 하고 계셨다는 것을 인정할 수 있게 해달라고 기도하였다. 하나님께서 이 분께 찾아와 달라고 만나게 해 달라고 기도하였다.

최근 내가 큰 병을 얻고 고난을 겪는 것을 보시고 이분도 자기 혼자서 나를 위하여 기도를 하셨다고 한다. 놀라운 변화이다. 하나님은 나를 이용하셔서 이분들의 영혼 구원을 위하여 나를 쓰고 계시는구나 하는 생각이 들었다. 이것은 나의 고난에 대한 의미를 조금은 알아갈 수

있는 기회였다. 나를 사용하셔서 그분들이 예수님을 영접할 수 있다면 이보다 더 큰 은혜가 어디 있겠는가.

3
ANOTHER MISSION

코로나 팬데믹, 전쟁 상황, 봉쇄

내 영혼아 네가 어찌하여 낙심하며 어찌하여 네 속에 불안해 하는가
너는 하나님께 소망을 두라 그가 나타나 도우심으로 말미암아
내가 여전히 찬송하리로다.(시편 42:5)

한국의 상황이 심각하다. 크리스마스와 연말 휴가를 한국에서 보내고 말라위에 돌아온 지 한 달 만인 2020년 2월 21일에 한국은 하루 사이에 코비드 19 환자가 100명이 넘어섰다. 대구에서 갑자기 환자가 늘어났기 때문이다. 그때부터는 한국이 전세계적인 관심의 대상이 되었다. 3월 초에 들어서니 상황이 더 급박하게 돌아가기 시작했다.

이탈리아를 시작으로 유럽에서 정신없이 환자가 늘어나고 사망자가 엄청나게 생겼다는 보도가 나오기 시작했다. 그러자 이탈리아도 중국처럼 한 지역을 완전히 폐쇄하는 락다운이라는 것을 시행했다. 의료진의 감염도 늘어서 사망하는 의료진도 나왔다. 그렇지만 아프리카 국가들은 전혀 대비가 없는 것처럼 보였다. 이때부터 슬슬 겁이 나기 시작

했다. 중국인과 동아시아인이 전세계적인 기피 대상이 됐고 생김새가 비슷한 한국인도 길거리에서 눈치가 보이는 것 같았다.

3월 둘째 주에 들어서니 미국에서도 환자 수가 10,000명을 넘어섰다는 보도가 나왔다. 사망자들이 기하급수적으로 늘기 시작했고 의료시스템이 잘 되어있다는 미국에서 조차 병원에서 의료진에게 꼭 필요한 마스크와 보호장구가 부족해서 절박해지고 있다는 보도가 나오고 있었다. 그때부터 나도 이 질병이 세계적으로 퍼지는 것이 시간 문제라고 생각하기 시작했고, 두려워지기 시작했다. 더 큰 문제는 치료약이 없다는 것이다.

전염병으로 건강을 잃거나 죽음에 이를 수 있다는 것도 두려웠지만 더 두려웠던 것은 사회적인 혼란과 치안이 불안해지는 것이었다. 아프리카 중남부 나라들 가운데 선진국이라 할 수 있는 남아공은 국경을 모두 폐쇄하여 사람과 물류의 이동을 금지하였다. 이렇게 되면 남아공으로부터 대부분의 물자를 수입에 의존하는 말라위 같은 나라는 식량, 생필품과 기름 등의 물자가 부족하게 된다.

가뜩이나 경제가 어려운 이 나라가 식료품과 생필품의 공급이 타격을 받아서 그로 인하여 물가가 오르고, 현지인들을 고용하고 있던 외국인이 다 떠남으로써 그나마 근근이 먹고 살던 이 나라의 서민들의 생활이 더 어렵게 되어서, 그들이 사회에 대한 불만을 폭력적인 방법으로 표출할 수도 있었다. 폭동이 일어날 수도 있고, 상점을 약탈하고, 강도로 돌변하여 가정집에 침입하는 등 사회혼란이 일어나서 치안이 불안해지는 것이 더 큰 걱정이었다.

점점 이런 상황이 오고 있었다. 얼마 전에 떼강도가 우리가 살던 지역의 여러 집에 들이닥쳤다는 경비보안 회사의 경고 문자가 돌기도 했다. 케냐에서는 감기 증상을 보이던 중국인 여자를 이웃에 살던 케냐인들이 돌로 쳐 죽였다는 끔찍한 소식이 들려왔다. 코로나 폐렴으로 인한 사망의 가능성이 무서운 것이 아니라 이처럼 무지에서 오는 광적이고 이성을 잃은 사람들의 공격적인 행동이 더 무서웠다.

유럽은 외국인의 입국은 물론 경유하는 것조차 금지한다는 소식이 들렸다. 인터넷으로 에티오피아 항공을 들어가 보았다. 그전에는 아디스아바바에서 인천으로 가는 비행 편이 매일 있었는데 이제는 일주일에 두 번 밖에는 없다고 나오는 것이었다. 더군다나 남아프리카 항공사가 운영하는 남아공을 경유해서 한국으로 가는 항공편이 없어졌다는 소식이 들렸다. 이러다가 아프리카에서 한국으로 가는 유일한 항공편이 없어지는 것은 아닌지 걱정이 되었다.

상황이 하루가 다르게 나빠지고 있었다. 한국도 마찬가지이지만 말라위 이곳도 한번 뚫리면 대책이 없다. 그냥 걸리는 수 밖에는 없는 상황이었다. 한국에 갈 수도 없고, 갈 수 있다고 하더라도 그때까지 한국의 상황이 정리가 될 것인지 확실하지도 않았다.

혹시 한국에 못 가게 될 때를 대비하여 여러가지를 준비하기 시작했다. 말라위에 남아있게 되면 사람들과의 접촉을 최소한으로 하고 집에서 나가지 않고 사회적 거리 두기와 자가 격리를 하면 석 달이나 그 이상도 이 전염병이 수그러질 때까지 견딜 수 는 있겠다 싶었다. 그러나 나는 병원에 매일 출근해야 하는 사람이다 보니 격리를 할 수도 없다. 전염병이 돌 때에는 병원이 가장 위험한 장소이기 때문에 나도 언제 걸릴지 모른다. 혹시 내가 감염이 된다면, 내가 걸려서 어떻게 되기라도 한다면 또 아내는 어떻게 될 것인가 걱정이 되었다.

우선은 식량과 생필품이 부족해질 것을 생각해서 시장에 가서 2주일 이상 사용할 분량을 샀다. 말하자면 사재기를 한 것이다. 그리고는 손 소독제와 마스크를 찾아서 약국을 돌아다니기 시작했다. 2주 전만 하더라도 있던 마스크가 벌써 동이 나기 시작했다. 어렵게 수소문해서 다니며 손 소독제와 마스크를 구했다.

코로나 19에는 특효약은 없지만 논문을 찾아보면서 말라리아 약과 에이즈 치료제와 일부 항생제가 효과가 있다는 정보를 읽고 약을 구하러 한국에도 부탁을 하고 여러 병원과 약국을 찾아다니며 백방으로 수소문하였다. 말라위에서 혹시라도 코로나에 걸리게 되면 자가 치료를 할 수밖에 없으니 이 방법 밖에 없었다. 폐렴이 생기면 호흡 곤란이 오니 산소통을 살 수 있는지 알아보기 시작하였다.

그러던 와중에 미국 정부가 모든 미국인의 해외 여행 중지를 명령하였다. 한국 정부도 전세계를 대상으로 해외 여행 중지와 즉시 귀국을 권고하였다. 같이 일하던 미국에서 온 소아과 의사가 다음날 미국으로 돌아간다고 인사하러 왔다. 그는 미국의 평화봉사단원들에게도 귀국 명령이 내려서 벌써 많은 사람들이 귀국했다는 소식을 전했다. 한국의 코이카 봉사단원들도 명령이 내려서 급히 귀국을 서두르고 있었다. 이런 소식을 들으니 더욱 걱정이 되고 마음이 녹았다. 이제는 하나님의 인도하심을 기도하는 수 밖에는 없었다.

떠나야 하겠다는 생각을 하니 여러가지로 착잡한 마음이 들었다. 어려운 시기에 여기에 있는 교민들과 선교사들을 놔두고 또 말라위 환자들을 놔두고 피한다는 것이 겁쟁이로 비추어지는 것은 아닌가. 여기 말라위 사람들을 위해서 왔다고 하면서 정작 이들이 나를 필요로 할 때는 피해 나가는 것이 옳은 일인가도 생각하였다. 이 상황에서 떠나는 사람은 믿음이 약한 것인가? 별 생각이 다 들었다.

그렇지만 지금은 이 병의 양상을 잘 모른다. 한국에서의 치명율은 2% 이내이지만 치명율이 0.1% 이하인 계절 인플루엔자보다는 20배나 높다. 그나마 한국은 의료 인프라가 잘 갖춰져 있고 헌신적인 의료진이 있어서 이 정도이지만, 이탈리아와 유럽은 치명율이 10% 수준이다. 선진국들이 저 정도인데 의료 인프라는 거의 없고 한국처럼 실력 있고 헌신적인 의료진도 없는 말라위에서는 치명율이 훨씬 더 높으리라고 생각이 되었다.

실제로 몇몇 젊은 말라위 의사들이 코비드로 세상을 떠나기도 했다. 나는 60세 이상이라 고위험군에 속했다. 기저질환이 없어도 60세 이상은 코로나 19로 인한 사망률이 20%이다. 계절 독감의 200배이다. 걸려도 제대로 된 치료를 받을 수 없고, 설사 집에서 격리한다 해도 내가 직접 치료를 할 자신이 없었다.

하나님께 기도하였다. 지금은 소나기가 오는 상황이고 전쟁 중이니 가장 합당한 길을 인도해달라고 기도하였다. 정말 하나님 밖에는 매달릴 데가 없었다. 사람이나 나라가 나를 책임져 줄 수 없고 돈이 있어도 나를 질병에서 보호할 수 없다. 어떻게 하는 것이 하나님께서 기뻐하시는 것인가? 이것이 하나님의 시험인가? 하나님께 매달리는 훈련을 시키시는 것인가? 내가 할 일을 막으시는 하나님의 뜻이 어디에 있는가? 이렇게 기도하면서 항공사에 가서 비행기표를 끊었다. 3월 28일 토요일 출발이었다. 그런데 이때부터 롤러코스터를 타는 듯한 상황이 시작되었다.

　다음날 에티오피아항공에서 이메일이 왔다. 비행기편이 변경된 것이다. 그런데 그 통보가 황당했다. 릴롱궤-아디스아바바, 아디스아바바-인천편을 모두 3월28일 토요일로 예약을 했는데 28일 출발하는 릴롱궤-아디스편이 취소되고 3월29일 일요일로 출발일이 바뀐 것이다. 그렇지만 3월 28일 출발하는 아디스 출발 인천행은 그대로였다. 그래서 부리나케 항공사에 가서 어떻게 된 일인지 알아보았다. 사실이었다. 깜짝 놀라서 28일에 아디스아바바에 도착할 수 있는 연결편을 블랜타이어, 남아공 등 여러 도시를 경유하는 것으로 예약을 다시 하였다.

　그런데 비행기표를 바꾸고 나니까 몇 시간 후에 원래의 비행기편이 다시 살아났다는 소식이 들렸다. 다시 항공사에 가서 원래대로 직항으로 바꾸었다. 이 때문에 항공사 사무실을 그날 하루 4번이나 방문하였다. 이 비행기표마저도 언제 없어질지 모르는 불안한 상황이었다. 그렇게 하루하루를 보냈다.

　그렇게 기다리는 중에 하루가 다르게 조치들이 연속으로 발표되었다. 케냐도 국경 봉쇄를 하였다. 3월25일부터 공항을 폐쇄하여 국제선 여객기의 이착륙을 금지한다고 하였다. 남아공과 짐바브웨에서 코비드 사망자가 발생하였고 급기야 남아공은 26일부터 락다운을 선언하였다. 앞으로 생필품 사재기와 유류 공급이 부족해질까 걱정이 되었다.

　말라위 정부도 3월20일 국가 재난 사태를 선포하고 외국인 입국을 금지한데 이어 4월 1일부터는 모든 국제항공편을 중단하는 조치를 발표하였다. 우리가 탈 비행기가 떠난 후에는 공항을 폐쇄한다는 선언이었다.

이처럼 아프리카 국가들은 자신이 감당할 수 없는 재난이 닥치면 극단적인 수단을 통하여 해결하려고 한다. 우리나라에 비하면 극단적인 조치들 같지만 락다운은 불가피한 면도 있다. 말라위는 실제로 환자가 발생한 이후에는 의심환자들을 축구 경기장에 격리하는 조치를 취하기도 했다. 지금까지 살면서 단 한 번도 겪어보지 못한 전쟁과 같은 상황이었다. 더 황당한 소식이 들렸다. 남아공 요하네스버그로 화요일에 떠났던 일본 자이카 단원들이 요하네스버그에서 아디스아바바로 가는 비행기편이 취소되어 오도가도 못하는 국제 미아가 되었다는 소식이 들렸다.

주말을 지나고 월요일에 불안한 가운데 출근을 하였다. 사무실에 와서 CT 판독을 시작하려고 앉아 있는데 어떤 병원 직원이 들어왔다. 매우 표정이 힘들어 보였다. 그리고는 엑스레이를 나에게 봐 달라고 하였다. 그러면서 숨이 찬다고 하였다. 표정과 증상을 보니 호흡곤란이 있는 것 같았다. 엑스레이를 보니 양쪽 폐에 희뿌연 폐렴 소견을 보였다. 지금 발생하는 원인불명의 폐렴은 코로나를 가장 의심해야 하는 상황인 것이다. 우리나라 같으면 병원에 들어오지 못하고 선별진료소에서 먼저 진료를 보고 만약 양성으로 진단이 되면 바로 격리병원으로 가게 될 텐데, 여기서는 직원이라고 내과 진료도 거치지 않고 환자가 직접 자기 사진을 가지고 방사선과 의사인 나에게까지 오게 된 것이다. 이 나라의 의료 시스템의 취약성이 드러난 것이다.

내가 그나마 마스크를 쓰고 있던 것이 다행이라고 생각되었다. 내과 의사는 연락도 할 수 없었고 그에게 폐렴이라고 하고 빨리 보건소에 연락해야 한다고 말해주었다. 과장을 만나서 사정을 설명하고 조치를

부탁하였다. 혹시라도 그가 코로나였다면 다른 사람에게 전파하는 것도 걱정되었고 이미 병원에 코로나가 퍼져 있을지도 모른다는 생각이 들었다.

집에 오니 미열이 나기 시작하였다. 37.8도까지 올라갔다. 걱정이 되었다. 열흘 전에 탄자니아에서 말라위를 방문한 선교사들을 만났던 것이 의심이 되었다. 하루에 7시간씩 정전이 되는 상황에서 계속 열이 올랐다 내렸다 하는 상태가 계속되었다. 그런데 나뿐만 아니라 아내도 열이 나기 시작했다. 겁이 덜컥 났다. 혹시 코로나에 걸린 것이 아닌지, 내가 옮긴 것은 아닌지. 혹시 말라리아에 걸린 것은 아닌지 별의별 생각이 다 들었다.

말라리아 검사를 했는데 음성이 나왔다. 그런데 간혹 말라리아에 걸려서도 음성으로 나오는 경우도 있어서 아프리카에서는 의심이 되면 바로 말라리아 약을 먹어서 치료를 한다. 그래서 안전을 위해서 바로 말라리아 치료약을 먹기 시작했다. 그리고 혹시 코로나일 수도 있어서 코로나에 치료에 도움이 된다고 하는 항생제를 구해서 먹기 시작했다. 약을 먹으니 부작용이 심하게 나기 시작했다. 심장이 쿵쾅거리고 머리가 아프고 설사도 나는 것이었다.

며칠간 미열이 오르락내리락하면서 컨디션이 좋아졌다 나빠졌다를 반복했다. 공항에 서 출국할 때, 또 에티오피아에서 환승할 때 혹시 열 체크를 하여 열이 높다고 출국을 못하게 될까 봐 걱정이 되었다. 얼음찜질을 하고 타이레놀을 먹으면서 열심히 열을 내리기 위해 노력했다. 걱정이 끝이 없었다. 하나님께만 매달려야 한다고 생각하고 무릎 꿇고 기도를 시작하였다. 파송 교회의 담임 목사님께서 소식을 듣고 전화하셔서 기도를 해주시고 격려도 해주셨다. 기도 후에 열이 조금 내리고 컨디션이 좋아졌다. 하나님의 은혜였다.

출발 전에 비누를 500장을 사서 현지 교회 목사님께 드리고 성도들에게 나눠드리라고 부탁하였다. 지금 가장 필요한 것이 개인 위생이고 코로나를 예방하려면 개인 위생 관리를 철저히 해야 한다고 말해주었

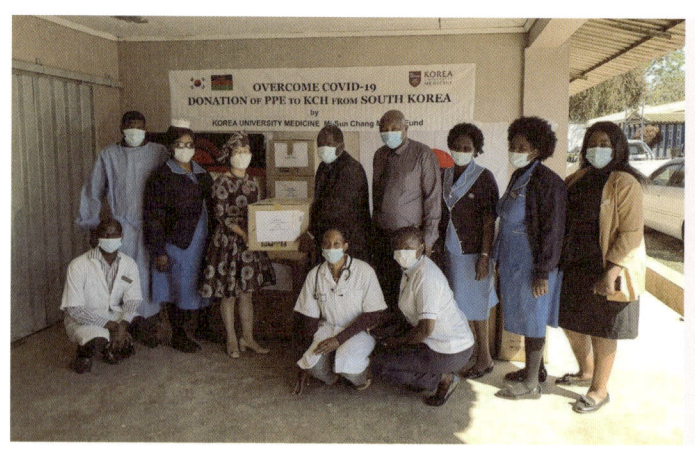

다. 지금 내가 말라위 사람들에게 할 수 있는 최선이었다.

우여곡절 속에 비행기를 탔다. 우리가 탄 비행기가 떠난 후에는 공항이 폐쇄되었다. 이렇게 우리가 타고 온 비행기가 마지막이 되었다. 앞으로 적어도 한 달 간은 들어오는 것도 나가는 것도 못하게 된다. 잘못하면 어느 나라 공항에서 오도가도 못하는 국제 미아, 난민이 될 수도 있었다. 순적하게 여정을 이끄신 하나님께 감사한다.

인천 공항에 도착했다. 혹시나 해서 발열로 신고하고 검사를 받았다. 기다리고 격리를 당하는 것이 불편했지만 마음은 놓였다. 6시간 후에 문자가 왔다. 음성이란다. 열이 깨끗이 내렸다. 시몬 베드로의 장모의 열병을 고쳐주신 예수님의 손길을 느꼈다.

아침에 일어나니 구름 한점 없는 맑은 하늘이었다. 같은 하늘이지만 경치는 다르다. 원시의 초원에서 미래의 도시로 순간 이동을 한 것 같다. 이제 정신을 차리고 보니 도망치듯 나온 나를 돌아보았다. 남아있는 말라위 사람들, 과포화된 병원에서 지금도 말라리아, 심장병, 결핵과 싸우고 있는 의료진들, 고군분투하는 공무원들을 생각하며 미안한 생각이 들었다. 주로 병원에서 환자 진료에 집중하느라 현지인들과 좀 더 친밀하게 같이 하지 못했고 의료진의 교육과 정책 개발에 활발히 참여하지 못했던 것은 아쉬운 일이다.

코비드로 인하여 중간에 귀국한 후 격리하면서 나를 다시 돌아보고, 하나님께서 하신 일을 다시금 묵상하게 되었다. 아프리카에 있는 동안과 귀국하는 과정에서 교회의 목사님과 장로님들 그리고 모든 성도님들의 기도로 내가 너무나 많은 사랑을 받고 있음을 다시 깨닫게 되었다.

하지만 더 큰 은혜를 받은 일이 있다. 격리가 끝난 후에 말라위가 가장 필요한 것이 무엇인가를 기도하다가 지금 가장 필요한 것이 의료진 보호를 위한 방호복이라는 것을 깨닫게 되었다. 그래서 고대의료원에 요청을 하고 담임목사님께도 요청을 드렸다.

교회가 어려운 가운데서도 1500만 원을 지원하여 방호복 900벌을 말라위에 보낼 수 있었다. 말라위 사람들이 코로나로 인하여 고통받고 있는데 하나님의 선한 손길 아래 빨리 큰 피해가 없이 종식되고 사람들의 일상이 파괴되지 않기를 기도하였다.

4
ANOTHER MISSION

세 번 태어난 사람

> 네가 물 가운데로 지날 때에 내가 너와 함께 할 것이라 강을 건널 때에
> 물이 너를 침몰하지 못할 것이며 네가 불 가운데로 지날 때에 타지도 아니할 것이요
> 불꽃이 너를 사르지도 못하리니(사 43:2)

나는 세 번 태어났다. 첫 번째 태어난 것은 물론 부모님으로부터 출생한 것이다. 두 번째는 예수님을 구주로 받아들였던 때이다. 세 번째는 최근 장로 피택을 받고 뜻밖에 찾아온 고난을 겪은 일이었다.

한국으로 돌아온 후에는 아내가 심장이 안 좋고 아프리카에서 받은 스트레스도 회복할 겸 경북 안동에서 잠시 생활하였다. 해외로는 나가지 못하지만 내가 관여하고 있는 NGO인 아프리카 미래재단을 통하여 말라위를 지원하는 일, 마스크와 방호복을 보내는 일, 선교사를 지원하는 일, 코로나로 인하여 휴교 상태인 마을 학교에 축구 골대를 지원하는 일과 현지 교회를 지원하는 일을 계속하였다. 그러나 멀리 있다는 핑계와 코로나로 대면 예배가 힘들다는 핑계로 교회 출석을 잘 못

하게 되었다. 조금씩 게을러지는 와중에 장로라는 큰 직분을 맡겨 주시는 놀라운 은혜를 주셨다.

장로로 피택 되었다는 소식을 들었을 때 매우 당황스럽고 걱정되었다. 쥐구멍이라도 들어가고 싶은 마음이었다. 내가 믿음이 좋은 것도 아니고 교회를 위하여 한 일이 없는데 자격이 되는가 하는 생각이 들었다. 아직도 이 직분이 어색하고 부담이 되는 것은 믿음의 선배들이 이루어 놓은 족적들을 따라가서 그 정도를 이룰 자신이 없기 때문이고, 앞으로 내게 지워질 부담을 기꺼이 감당할 마음의 준비가 되지 않았기 때문인 것 같다.

장로 교육을 받던 2022년 7월부터 약간씩의 피로감이 있었는데 8월 중에는 특별한 이유가 없이 열이 많이 났다. 그럼에도 불구하고 조금 지나면 나아지겠지 하면서 그냥 지냈다. 원래 의사들은 자기의 병에 대해서 별로 신경쓰지 않고 무시하는 경향이 있다. 코로나 검사를 하였는데 음성으로 나와서 조금 있으면 좋아지겠지 하였다. 타이레놀로 열을 떨어뜨려도 다음 날이면 밤에 식은 땀이 나고 열이 다시 오르고 기운도 없고 식욕도 떨어지고 체중도 4킬로 정도 빠지는 것이었다.

열이 급기야 39도까지 올라가서 응급실을 통해 입원을 하게 되었다. 검사결과는 빈혈과 혈소판감소증 등 혈액의 이상소견과 염증소견과 간기능의 악화가 함께 나타나서 불명열이라는 진단과 감염병, 자가면역질환 또는 혈액암일 수도 있다는 소견을 받았다. 큰 충격이었다. 그래서 그날 밤에 급히 앰뷸런스로 서울의 고대안암병원 응급실로 와서 입원을 하게 되었다.

고대안암병원에서도 많은 검사를 하였다. 피를 매일 200cc씩 뽑아서 온갖 감염 관련된 검사, 혈액암에 관련된 검사를 하였지만 확실한 원인과 진단명이 나오지 않았다.

혼란스러웠다. 열은 안 떨어지고 뚜렷한 원인은 드러나지 않아서 답답하고 두려운 시간이 계속되었다. 혹시 혈액암이면 어떻게 하나 하는 것이 가장 큰 염려였다. 하나님께 매달리는 수밖에 없었다. 담임목사님께 기도 부탁을 하고 중보기도팀의 뜨거운 기도가 시작되었다.

입원한 지 4주가 되었는데도 열은 계속 나는데 감염증의 원인이 될 만한 균은 발견이 되지 않았다. 이비바이러스라는 것이 유일하게 발견되었는데 이것은 원래 몸속에 지니고 있다가 어떤 상황에서 재발하는 것이라고 한다. 간염도 일으키고 심하면 림프종까지 일으키는 바이러스라는 것이다. 걱정이 되었다. 솔직히 예수 믿고 담대함으로 염려가 없어져야 하나 마음은 그렇지 못했다.

해열제를 먹고 주사도 맞는데 열이 안 떨어졌다. 성경책을 읽으려고 했는데 열이 나면 머리가 아파서 말씀이 책이 눈에 들어오지 않았다. 사탄의 방해라고 생각하였다.

그래서 다음부터는 자면서 핸드폰에 있는 찬송가를 1장부터 마지막 장까지 듣기를 반복했다. 가장 위급하고 기도가 안될 때의 기도가 찬송이라고 들었다. 약 먹기 전에 기도하고 밤새 찬송가를 틀어놓고 자면 아침에는 열이 떨어지면서 컨디션이 좋아지는 것을 느꼈다. 밤새 주님께서 찾아오신 것으로 확신하게 되었다. 그렇게 매일매일 성령께서 찾아오셔서 함께 바이러스와 싸우고 열을 내는 사탄 마귀와도 싸우시는 것 같았다.

진단이 늦어지니 혈액내과 교수가 골수검사를 하자고 하였다. 골수

검사는 엉덩이 뼈를 굵은 바늘로 뚫어서 조직을 빼내서 그것을 가지고 병리 진단을 하는 검사이다. 주사 바늘 찌르는 것조차 무서워하는 내가 뼈를 뚫고 무슨 조직을 뽑아낸다니 정말 뼈를 깎는 아픔이 이런 것이구나 하는 것을 경험하였다.

골수검사를 하여도 몇 가지 가능성만 제시할 뿐 정확한 진단은 오리무중이었다. 그런데 첫 번째 한 골수 검사 결과가 약간 애매하고 염색체 검사에서 이상소견이 발견되어 다시 하자는 것이었다. 결국 두 번째 골수 검사를 하고, 결과가 나올 때까지 기다리는 일주일이 마치 일년처럼 느껴졌다. 결과가 나왔는데 티세포림프종이 의심스럽다는 소견이었다. 마음이 그야말로 녹았다. 또 다른 염색체검사를 더 해봐야 하는데 이번에는 2주가 더 걸린다는 것이었다. 결국 두 달 만에 최종 진단이 나왔다.

2022년 10월 31일 월요일, 담당 교수가 방문하여 diffuse large B cell lymphoma (미만성대비세포림프종)이라는 진단이 나왔다고 하였다. 안 좋은 소식이지만 그래도 티세포 림프종보다는 까다롭지 않고, 생존률도 높고, 치료법도 견딜만하다니 이것도 하나님의 은혜였다. 바로 그 날부터 항암치료에 들어갔다.

입원하고 있는 동안 밤마다 두 손 모아서 하나님께 고난 중에서도 피할 길을 달라고, 피난처를 허락해달라고 기도하였다. 기도한 대로 주님께서는 비세포림프종이라는 피난처를 허락하셨다. 암 진단 후 오히려 마음 평안하였다. 하나님께서 모든 것을 주관하여 주시고 피할 길을 주시고 고난 중에서도 견딜 수 있게 함께 성령께서 함께 중보하여 주시고 치료 중에서도 함께하여 주실 것을 확신하게 되었다.

3주 간격으로 6번의 항암치료가 시작되었다. 첫 번째 항암치료 날은 걱정도 되고 두렵기도 하였다. 그중 가장 중요한 치료제는 비 림프구의 세포막에 있는 CD20항체를 표적으로 한 리툭시맙이라는 약이었다. 영상의학과에서 항암중심정맥관(chemoport) 삽입을 하고 병실로 올라와서 항암주사를 맞기 시작하였다.

오전 11시부터 주사를 시작하여 30분마다 주입속도를 높이는데 처음 30분은 별 이상 없이 지나갔다. 그런데 용량을 2단계로 높인 다음부터 가슴이 답답해지고 오한이 나면서 열이 40도까지 올라갔다. 혈압이 200까지 오르니 의료진도 긴장을 하면서 치료제 주입을 중단하고 처치실에서 집중 모니터링하면서 진정될 때까지 기다렸다.

두 시간 동안 안정되기를 기다리는데 시간이 더 늦으면 약을 폐기해야 한다고 하였다. 이것도 잘 견뎌내야 했다. 교회의 중보기도팀에 연락하고 병원 원목 목사님도 오셔서 아내와 같이 기도가 시작되었다. 정신이 혼미한 가운데에서도 아내와 원목 목사님의 뜨겁게 부르짖는 중보기도 소리가 들렸다. 아내가 창문 밖에서 나를 보고 계시는 예수님의 얼굴을 보았다는 것이 이때였다. 어느 정도 안정이 되어 오후 4시부터 다시 약이 들어가기 시작했다. 이번에는 다행히 별 부작용 없이 약을 다 맞을 수 있었다. 그렇게 밤 11시에 모든 항암제의 투여가 종료되었다.

그것은 기적이었다. 아직도 그날의 기적을 잊지 못한다. 예수님께서 그 자리에 찾아오셔서 나를 지켜 주셨다고 믿는다. 앞으로 항암을 끝까지 받고 온전히 치유될 수 있으리라는 믿음을 갖게 되었다. 모든 것이 하나님의 은혜였다.

항암 주사는 암세포를 죽이는 약이지만 정상 세포까지 다 파괴하므로 체력이 소진되고, 온몸의 털이 다 빠지고, 골수와 간기능을 망가뜨려서 감염의 위험에 노출시킨다. 3주마다 반복되는 부작용은 모든 체력과 기운을 소진시키고 면역력이 떨어져서 감염의 위험에 노출되는 과정이 너무 힘들었다. 중간에 코비드 19까지 걸려서 위험한 상황에 처했을 때도 있었다.

이렇게 6번의 항암치료가 끝났다. 6차 항암치료 후에 다시 골수 검사, CT 검사, PET CT 검사를 하였다. 검사 후 2주 동안 결과를 기다리는 시간이 한없이 길게 느껴졌다. 결과는 암세포가 발견되지 않는다는 것이었다. 할렐루야! 지금은 면역력과 체력이 다시 회복되기를 기도하면서 조심조심 활동을 늘려나가고 있다. 돌아보면 매일매일이 기적이었고 은혜였다. 이렇게 나는 세 번째로 다시 태어났다. 나를 끝까지 붙들어주신 주님을 찬양한다.

이번 고난을 통하여 알게 된 것들과 감사할 것들이 있다.

첫 번째는 중보기도의 힘이 있음을 알게 되었다. 아프면 기도부터 하라는 말을 피상적으로 밖에 이해하지 못하였었는데 이제는 이해가 된다. 인간이 지금까지 의학적으로 많은 것을 발견해 내고 과학적 발명으로 병을 치료하지만 나처럼 아무리 많은 검사로도 원인을 뚜렷하게 밝혀낼 수 없는 경우가 허다하다. 그렇다고 현대의학을 외면하라는 것은 아니고 인간의 지식과 노력으로도 해결이 안되는 영역이 있다는 것을 깨닫게 되었고 교만한 마음을 내려놓게 된 것이다. 이제는 아프면 중보기도부터 요청해야 한다는 생각이다.

두 번째는 아파서 입원을 해보니 그전에는 알지 못했던 것을 보게 된 것이다. 병원에서 오랫동안 근무했지만 나는 직접 환자를 보는 과가 아니었는데 입원을 하고 나니 바로 옆 침대에서, 옆 병실에서, 암으로 고통받고 인생의 마지막을 맞이하는 사람들을 보게 되었다. 그들의 고난에 비교할 수는 없지만 환난을 겪어본 사람으로서 다른 사람의 환난을 더 잘 이해할 수 있게 된 것 같다.

세 번째는 주변 사람들이 변화되는 것을 보게 된 일이다. 말라위에서 우리 부부에게 도움을 많이 주신 한인 부부가 계신데, 이분들은 선교사들에게도 많은 도움을 주신 분이다. 그분 곁을 거쳐간 많은 선교사들이 그 부부께 복음을 전하기 위해서 많은 시도를 했지만 정작 그분들은 구원의 확신이 없는 분들이었다. 그런데 이분들이 이번에 내가 아프다고 하니까 내외분이 기도를 하시고 그 기도 내용을 카톡으로 보내시는 것이었다. 나를 사용하여 또 한 영혼을 구원하게 하시는 하나님의 오묘하심을 체험하게 되었다.

열 때문에 장로 임직식에 참석할 수 없어서 큰 딸 부부가 임직식에 참석하였는데 그 후로 큰 딸 부부가 예배에 열심히 참여하게 되었다. 하나님은 이렇게 나를 통해서 나의 주변 사람들이 하나님을 더 깊이 알아가는 구원의 자리로 인도하셨다.

네 번째는 말씀으로 기도로 철저히 대비하지 않으면 사탄이 항상 노리고 있다는 것을 알게 되었다. 코로나를 핑계로, 또 멀리 있다는 이유로 잠시 예배를 소홀히 하였고 하나님의 얼굴을 피하고 게으른 생활을 했던 것을 회개하였다. 이번을 계기로 하나님께서 임직받은 것을 부담으로 느끼며 주저하는 나의 마음을 깨뜨리시는 것 같았다. 고난 속에서 부르짖으며 기도함으로써 하나님의 뜻을 알 수 있게 되는 것 같다.

하나님을 뵈었다고 감히 말할 수는 없으나 좀 더 가까이 다가간 것 같고 지금까지 하나님을 향하여 했던 원망하는 기도, 이기적인 기도들을 회개하게 된다.

마지막으로는 고비마다 부르짖는 중보기도로 기도해주신 분들, 끝없이 기도해 주신 담임목사님과 부목사님들, 장로님들, 권사님들, 집사님들, 소식을 듣고 같이 기도해 주신 모든 성도님들, 수시로 맛있는 음식으로 내 건강을 챙겨주신 구역의 권사님과 집사님들께 모두모두 감사드린다. 공동체의 중요성을 알게 되었다. 무엇보다도 헌신적인 간병과 입맛이 없어서 식사를 못하는 나를 위하여 여러가지 레시피로 맛있는 음식을 요리해주는 아내가 있었기에 이렇게 회복이 되었다. 이 은혜를 평생 갚아도 갚을 길이 없을 것 같다. 매일매일이 주님의 은혜이고 기적이었다.

[욥 42:5-6]
내가 주께 대하여 귀로 듣기만 하였사오나 이제는 눈으로 주를 뵈옵나이다 그러므로 내가 스스로 거두어 들이고 티끌과 재 가운데에서 회개하나이다

내가 누려왔던 모든 것들이 내가 지나왔던 모든 시간이
내가 걸어왔던 모든 순간이 당연한 것 아니라 은혜였소
내 삶에 당연한 건 하나도 없었던 것을
모든 것이 은혜 은혜였소

(손경민, 은혜)

5
ANOTHER MISSION

빨리 가려면 혼자 가고, 멀리 가려면 같이 가라

> 룻이 이르되 내 주여 내가 당신께 은혜 입기를 원하나이다
> 나는 당신의 하녀 중의 하나와도 같지 못하오나 당신이 이 하녀를 위로하시고
> 마음을 기쁘게 하는 말씀을 하셨나이다.(룻 2:13)

우리는 일생 많은 만남을 가진다. 어떤 사람은 만나면 부담스럽지만 어떤 사람은 만나면 만날수록 기쁨이 샘솟고 다시 만나고 싶은 사람이 있다.

내가 존경하고 따르고자 했던 선배이며 선생이며 친구였던 분이 있다. 그는 항상 밝은 얼굴로 후배들을 이끌어 주었고 낮은 곳에서 아픈 사람들을 돌보아주던 분이다.

의대에 입학한 후 고등학교 신입생 환영회에서 처음 만난 형은 맑고 인자했고 후배를 위하여 좋은 것을 주려고 하던 선배였다.

그 형은 특히 나를 많이 챙겨주었다. 어리숙한 새내기 의대생에게 대학 문화와 낭만을 가르쳐 주었고, 좌중을 집중하게 하는 명랑함과 사

람들을 포용하는 리더쉽을 보여주어 내가 따르고 배우고자 하였다. 졸업 후 형은 모교에서 전공의 과정을 밟지 않고 부산으로 내려가서 장기려 박사 밑에서 전공의 훈련을 받았다. 형은 의료 선교에 뜻을 두고 있었다. 그 당시 나는 그런 형을 이해하지 못했다.

그렇게 한동안 만나지 못하다 내가 교수가 된 다음에 우연히 같은 동네에서 다시 만나게 되었다. 그 형이 장로로 있는 교회에서 한 달에 한 번 나가는 의료봉사에 참여하면서 형의 예수 믿는 믿음 생활에서 드러나는 즐거움에 자꾸 이끌리는 것을 막지 못했고 학생 때처럼 배우고 싶었다. 그는 예수 믿으라고 적극적으로 말하지 않으면서도 은연중 나의 호기심을 자극하는 방법으로 나를 예수라는 비에 젖도록 만들었다.

그 형이 아니었으면 아직도 내가 하나님을 만나지 못했을 것 같은 아찔함이 있다. 그렇게 형으로 인하여 하나님을 만나게 되었다. 그가 나의 영혼을 구원한 것이다. 인생의 어려운 고비마다 가이드를 해주었고 위기의 순간에 나를 건져주는 도움을 주었다.

예수님을 구주로 확신하고 믿고 신앙의 여정에 들어간 다음에는 그가 가진 신앙의 깊이와 넓이와 의료 선교에 대한 열정을 배우고 싶었다. 형은 아프리카에 병원을 세우고 의과대학을 세워서 소외되고 제대로 된 치료를 받지 못하고 있는 아프리카 사람들을 위하여 의료 선교에 뜻을 두고 매진하신 분이다. 내가 아프리카를 처음 가게 되었을 때 염려하며 걱정하던 나에게 아프리카를 수도 없이 오고 갔던 형은 아프리카가면 곳이 아니라 우리나라에서 큰 호수 하나만 건너면 된다고 늘 농담처럼 얘기하곤 했다. 그렇게 아프리카를 여러 번 방문하였고, 아프리카에 관심을 가지고 의료 선교에 조금씩 발을 담그기 시작한 후에는 동역자로서 같이 활동을 하게 되었다.

내가 나온 의과대학을 세운 사람은 로제타 홀 선교사이다. 그녀는 의과대학을 졸업할 때 학교에 찾아온 인도 선교사의 "네가 인류를 위해 봉사하기를 원한다면 아무도 가려 하지 않는 곳으로 가서 아무도 하려 하지 않는 일을 하라"라는 강연을 듣고 아무도 가려 하지 않았던 조선에 오게 되었다. 그처럼 형은 아무도 가려 하지 않는 곳에 가서 아무도 하려 하지 않는 일을 해왔다.

내가 회심하여 예수를 구주로 받아들인 후에는 '네 이웃을 사랑하라'라는 말씀에 부담을 가지게 되었고 내가 가진 달란트를 이웃에게 흘려보내기 위하여 은퇴한 후에 실버 선교사로서 아프리카에 의대나 병원이 건립이 되면 힘닿는 데까지 봉사하려고 생각했다.

형과 같이 동행했던 첫 번째 아프리카 여행에서 경유지인 남아공의 요하네스버그 공항에서 벽에 큼지막하게 걸려 있는 포스터에 이런 문구가 쓰여 있는 것을 보았다. "빨리 가려면 혼자 가고, 멀리 가려면 같이 가라[2]."

인생은 장거리 마라톤이다. 잠깐 100m를 달리고 끝내는 것이 아니다. 일을 빨리 효과적으로 마무리하기 위해서는 혼자 하는 것이 좋다. 그러나 나의 능력을 벗어나는 큰 일을 지속적으로 하기 위해서는 동역자들과 같이 해야 한다. 독불장군은 오래 가지 못한다.

말라위에서, 에티오피아에서, 마다가스카르에서, 짐바브웨에서, 아프리카 곳곳을 같이 다니며 삶을 나누는 깊은 대화를 하며 인생의 비

---

2 아프리카 속담

전을 나누며 하나님과 동행하는 즐거움을 맛보았다. 그처럼 그는 만나면 만날수록 기쁨을 주던 분이다. 아프리카 의료 선교라는 장거리 마라톤을 뛰기 위하여 인생의 후반에 오래오래 아프리카 의료 선교라는 짐을 같이 지고자 하였다.

갑자기 생긴 나의 병으로 죽음의 문턱까지 갔던 경험을 하고 나서 죽음을 생각하게 되었고, 내가 당장 죽는 것이 전혀 불가능하지 않음을, 죽음이 언제든지 갑자기 준비 안 된 상태에도 찾아올 수 있음을 깨닫게 되었다. 내일 아침 눈을 뜰 수 없게 될 수도 있다는 것을 뼈저리게 깨달은 후에는 매일매일이 하나님께 드려진 삶이라는 생각이 든다.

상은 형이 항상 얘기하던 인생의 세 가지 중요한 것을 떠올려 본다.

첫 번째는 하나님이 나를 보내셨다는 의식이다. '하나님이 우리를 이 땅에 보내신 이유는 보냄 받은 선교사로서 살아가라는 것이고 삶이 곧 선교다(life is mission).' 하나님은 삶의 현장에서 삶 자체가 예배가 되기를 원하신다. 선교사로 가지 않더라도 사랑을 전해주고, 하루하루 주님을 닮아가는 것, 그것이 선교인의 삶이다.

두 번째는 비교 의식으로부터의 자유이다. 남이 가진 것이나 남이 이룬 성취와 비교하지 말고 내게 주신 하나님의 부르심에 충실하자는 것이다.

세 번째는 우선 순위를 정하라는 것이다. 급한 일보다는 중요한 일을 하자. 하나님이 우리를 이 땅에 보낸 목적을 잊고 급한 일을 하기 위해서 시간을 다 쓰고 있지나 않은지 돌아보아야 한다. 우선 순위의 기준은 영원한 것에 두어야 한다. 영원한 것은 성경에 기록된 하나님의 말

씀이다.³

그러던 형이 얼마 전 해외에서 의료 선교 도중에 갑자기 하나님의 부르심을 받았다. 너무나 뜻밖이었고 믿어지지 않아서 '왜'라는 질문을 수도 없이 하나님께 하였다. 인생의 고비마다 큰 버팀목이 돼주었던 분이었는데 이제는 어려운 일이 닥쳐도 조언을 구하거나 물어볼 사람이 없다.

이제 나는 어디에 대고 말을 걸어야 하나. 아직도 나의 길을 찾기 위해서 갈팡질팡하는데, 형이 있었으면 더 잘할 수 있을 텐데, 아직도 물어볼 것이 많은데 그것을 대답해 줄 좋은 스승이고 친구인 형이 이제는 없다는 것이 가슴이 뻥 뚫린 것처럼 너무나 시리고 아프다.

멀리 가려면 같이 가야 하는데 이제 같이 갈 사람이 없다. 내가 몇 년 전이 아니라 지금이었다면 상은 형도 없는 이때 과연 아프리카로 의료 선교를 나갈 용기를 낼 수 있었을까 자문한다. 그때 명예퇴직을 하지 않았다면 지금 실제의 정년을 얼마 앞두고 과연 아프리카 의료 선교의 길에 들어설 용기가 있었을까 자문해 본다. 정년을 순조롭게 기다리다가 때를 놓치고, 그러다 병이 나게 되어서 더욱 가기 힘들지 않았을까 생각한다. 짧았지만 몇 년에 걸쳐서 해야 했을 경험을 단기간에 다한 것 같은 생각도 든다. 하나님이 나를 어떻게 쓰시는지 무엇을 원하는지는 알 수 없지만, 내가 걸어온 길을 보면 좌충우돌하면서 살았지만 가장 좋은 것으로 주셨고 지금도 주고 계신다고 믿는다.

형의 죽음을 통해서 이제껏 모든 과정이 나를 단련시키고 훈련시켜

---

3 https://youtu.be/8AkgP59oa10?si=SfEvd50N0qBCoApT

서 하나님의 일에 쓰시고자 하는 하나님의 뜻일 것 같다는 생각을 하게 된다.

오래전에 받았던 상은 형의 메일에 쓴 것처럼 '나그네 인생길 가운데 사랑하는 사람과 아프리카를 걸을 수 있었다는 것이 하나님의 축복이고 선물'인 것 같다. 이제 형은 내 옆에 없지만 형이 해왔던 아프리카의 의료 선교를 위하여 동역하는 일들을 계속 하고자 한다. 의료 선교를 위해서 사역지와 선교사 지원자를 연결하고, 선교사들을 후원하고, 협력하여 사역을 하고, 여러 상황에 멤버 케어를 하는 일을 하려고 한다.

하나님의 약속을 믿고 하나님의 명령대로 '아멘'하고 가면 하나님께서 이루시고 하나님께서 세워 가실 것이니 그 믿음을 주시기를 간절히 기도한다.

ANOTHER MISSION
어나더 미션

에필로그

나는 어렸을 적부터 닭고기를 좋아했다. 어머니께서 이북식 온반이라는 것을 만들어서 주셨는데 당시에는 비교적 쉽게 단백질을 섭취할 수 있는 음식이었고 또 어머니의 음식 솜씨가 좋았다. 국민학교에 들어가기도 전의 일이었다. 어머니가 닭고기를 해 주셨는데 내가 성질이 급했었는지 먹다가 목구멍에 닭 뼈가 걸린 적이 있었다고 한다.

나는 기억하지 못하지만 목숨이 위태로워질 뻔한 사건이었다.

생선 가시가 목에 걸리면 밥을 한 숟갈 떠서 먹던가 김치를 한 입 씹지 않고 삼키면 넘어간다는 속설이 있고 가끔 그렇게 해서 해결하기도 하지만 닭 뼈는 단단하기 때문에 쉽게 빠지지도 않고 큰 문제를 일으키게 된다. 어머니가 급히 나를 들쳐업고 병원에 갔었지만 당시 목에 걸린 가시를 빼는 마땅한 방법이 없어서 그대로 집에 왔다고 한다. 다행히 몇 번 기침을 하고 나서 기적처럼 뼈가 나왔다고 한다. 그 후로도 목구멍에 무엇이 걸린 듯한 인생을 살아온 것 같다.

사람을 처음 만나면 나를 소개한다. 이름을 말하고 직업이나 관심사를 얘기하고 해온 일, 지나온 일들을 얘기한다. 모두 나를 남에게 알리고 설명하기 위한 것이다. 남에게 나를 설명할 필요도 있었지만 나도 나에게 나의 살아온 삶을 설명하고, 해온 일들을 설명하기 위해서 정리를 하였다. 이것을 자서전이라고 하는가 보다. 나의 삶에 대한 간증

기록이라고 할 수 있다.

  나는 천천히 발동이 걸리고 늦는 경향이 있다. 늦은 나이에 하나님을 깊이 만나고 내가 받은 하나님의 은혜를 흘려보내기 위해서 삶의 방향을 약간 튼 것이 목구멍에 걸린 가시를 빼는 기분이 들었다. 그것을 오랫동안 품고 있던 삶의 목적에 대한 발견이라고 해도 좋고 부르심에 대한 응답이라고 해도 좋을 것 같다. 그렇게 대학 병원의 평온한 교수직에서 조기 퇴직을 하고 경험해 보지 못한 새로운 현장으로 나갈 때 흔쾌히 동의해 주고 기도해 준 가족과 생소한 아프리카 말라위까지 따라나서서 같이 고생한 아내가 고맙다.

  조금은 일찍 인생의 후반전을 준비하면서 할 일을 묵상하다가 이것이 하나님의 부르심으로 생각하고 시도를 하였지만, 일생을 선교지에서 헌신하고 자신의 가장 빛나는 젊음의 시절을 바친 선교사들과는 비교할 바가 못된다. 나는 전문가 직업을 가지고 잠시 다른 문화권에서 그들을 위해서 일을 한 봉사자라고 불러야 옳을 것 같다. 나의 짧은 아프리카 경험이었지만 그것이 내가 만난 그곳의 의사들, 병원 직원들, 환자와 학생들, 현지 교회의 성도들, 그리고 나를 도와주신 교민 사장님 같은 분에게 나를 보면서 '왜'라는 영감을 주었다면 성공이고 그것으로 족하다.

최근 사랑하는 동역자 형님을 잃은 후 나의 인생을 주관하시는 하나님의 뜻이 어디에 있는지 생각하게 되었다. 그냥 설렁설렁 지나치면서 살아왔던 것이 지금 하나님의 손안에 더 강하게 잡혀가는 느낌이 든다.

삶은 수많은 점을 찍는 것이다. 스티브 잡스는 스탠포드 졸업식 연설에서 인생은 수많은 점으로 연결되는데 그 연결선은 미래 쪽을 내다보아서는 알 수 없고 지나온 다음에 뒤를 돌아보아야만 연결된 선을 볼 수 있다고 하였다. 많은 경우 내가 지금 찍는 점들이 미래에 서로 연결되지 않거나 내가 원하지 않는 방향으로 이어질 것 같다는 두려움 때문에 점을 찍는 것을 주저하게 된다.

나의 인생도 지금까지 수많은 점을 찍으며 살아왔다. 그 당시에는 선의 방향성을 알 수 없었으나 그 점들이 모여서 지금의 나를 이루었고 지금의 나를 있게 했고 수많은 어려운 고비를 넘게 하였다. 내가 행한 선택들이 결국은 지금의 나를 만들었다.

하나님을 알지 못하던 때에는 그 선들 가운데 어떤 선은 마음에 들고 어떤 선은 마음에 들지 않았다. 예수님이 나의 인생의 주관자이심을 믿게 된 지금은 모든 선들이 하나님의 인도하심이었고 그 선들이 나에게 가장 좋은 것이었고 필요한 것이었음을 깨닫게 되었다.

먼지가 풀풀 날릴 때에는 길을 찾기 힘들다. 그 먼지가 다 내려앉고 뒤를 돌아다보면 왜 그 길을 지나왔는지 그리고 지금 서있는 자리가 무엇 때문인지 이해된다. 길이 보이지 않아서 혼란스러울 때 그때에 하나님의 말씀을 붙들었다. 하나하나 이루어지는 일들이 기적이었다. 고비마다 하나님을 체험하였다. 하나님께서 나에게 주시는 큰 사랑을 경험할 수 있었다.

나는 감사할 일이 많다. 첫째는 내가 의사가 되었다는 것이다. 둘째는 대학병원에서 교수와, 과장과 주임교수를 하고 연구부원장까지 여러가지 보직을 하면서 앞으로의 사역에 자산이 될 수 있는 소중한 경험들을 할 수 있었다. 주님께서 지금까지 건강하게 지켜 주셨고, 화목한 가정을 주신 것, 나를 항상 신뢰하고 응원해 주는 사랑하는 아내와 자녀들을 주신 것에 감사한다.

하나님과 동행하는 모든 선들은 과거에도 그랬고 지금도 그렇듯이 미래에도 나에게 가장 좋은 것일 것이다. 선하신 하나님은 항상 나와 함께 계시므로 하나님과 동행하는 선들은 나에게 가장 선한 것이다. 그러므로 지금은 점을 어떻게 찍을까 하는 두려움이 없다. 앞으로 나의 남은 인생을 하나님께서 어떻게 인도하실지 나는 알지 못한다. 지금까지 인도하신 하나님이 나에게 또 다른 일을 준비하고 계실 것이다.

조급해 하거나 내가 무엇을 하기 위해 애쓸 필요가 없다. 어떤 고난이 닥쳐도 하나님과 동행하며 순종하는 사람에게는 절망이 아니고 끝이 아니다. 나에게는 그것이 축복을 예비하는 시간이고 나를 돌아보는 시간이고 하나님을 만나는 시간이다.

그러므로 그 어떤 것도 삶에서 실패는 없다. 하나님 안에서는 모두가 성공이다.

주님, 감사합니다! (Ambuye, zikomo kwambiri)[4]

---

4 말라위에서 사용하는 치체와어. '주님, 감사합니다'라는 뜻.